Lb 48
1861

AF223507

CONSIDÉRATIONS

SUR

LES PROJETS DE L'ARISTOCRATIE.

Imprimerie de madame JEUNEHOMME-CREMIÈRE,
rue Hautefeuille, n° 20.

CONSIDÉRATIONS

SUR

LES PROJETS DE L'ARISTOCRATIE;

PAR J. ESNEAUX.

PARIS,

Chez L'AUTEUR, rue Hautefeuille, n° 20;
Et tous les Marchands de Nouveautés.

—

1820.

PRÉFACE.

J'APPELLERAI aristocratie la ligue, de fait ou de pensée, des anti-libéraux, nobles et roturiers, étrangers et français. J'appellerai libéraux, les partisans d'une liberté sage, ceux qui se contenteraient des garanties de la charte *octroyée par le roi*. — D'où l'on voit que les aristocrates ne sont pas plus des royalistes que les libéraux ne sont des démagogues. Je compterai les prétendus *ultrà-libéraux*, *démagogues*, *jacobins*, etc., pour des aristocrates déguisés, jusqu'à-ce qu'il soit bien constant que l'aristocratie ne s'est jamais permis ce genre de trahison depuis 1791.

Je suis autorisé à prendre les libéraux pour le peuple (c'est-à-dire la nation,) 1º dans les états civilisés de l'Europe, parce qu'ils y forment une si grande majorité que les aristocrates, tout en criant qu'ils sont les plus nombreux et les plus forts, cherchent des auxiliaires, à tout prix et jusqu'au bout du monde;

2º Chez nous, parce qu'en défendant le pacte social, nos libéraux paraissent en droit de parler au nom de la société; parce qu'en défendant les intérêts du peuple, fondés sur notre pacte social, qui est l'œuvre du prince et la règle du gouvernement, nos libéraux ne sauraient être désavoués, ni par le peuple, ni par le prince, ni par le gouvernement.

Quand je parlerai de la destruction de l'aristocratie, il ne faudra pas croire que je desire la destruction des aristocrates : je n'ai donné à personne le droit de m'attribuer un souhait inhumain. Il ne faudra pas même croire que j'en veuille à l'aristocratie réglée par la charte ; plût au ciel que chacun respectât la charte comme je la respecte. C'est l'aristocratie féodale que je combats, et je la combats parce qu'elle s'agite encore, comme je le prouverai, n'en déplaise à ceux qui jurent que c'est une chimère, dont les malveillans se servent pour effaroucher les gens simples.

M. de Châteaubriant a excusé la publication de sa *monarchie selon la charte*, en alléguant que, n'étant plus admis au conseil du prince, il était forcé d'écrire ce qu'il ne pouvait plus dire. Mon excuse est à peu près la même : il n'était *plus*, et moi je ne suis *pas* admis au conseil.

Diverses ordonnances, (entre autres celle du 26 septembre 1815, concernant le jugement de M. Lavalette,) ont confessé et redressé des erreurs royales. Je ne veux croire aucun prince plus infaillible, ou moins modeste, que le roi de France ; voilà pourquoi je parle des erreurs de la royauté, c'est-à-dire, des rois en général. Si j'étais punissable pour m'être trompé, il s'ensuivrait, ou que l'on serait coupable pour avoir usé de la liberté de la presse consacrée par la constitution, ou que la constitution n'accorde cette liberté qu'aux infaillibles. Car on ne saurait m'accuser que d'erreur tout au plus.

Voici à quoi se réduit ma brochure :

1° Je conseille aux rois de s'allier ou de rester alliés avec les peuples contre l'aristocratie féodale ; cela est conforme à notre charte ; et j'annonce que la France défendrait envers et contre tous le régime des constitutions, parce qu'en 1815 le roi a confié au courage des Français la défense de la charte.

2° Je rappelle deux opinions de M. de Serre. S'il a pu les prononcer, on peut les rapprocher ; si une conséquence un peu sévère en jaillit d'elle-même, c'est la faute de la logique.

3° Je cite deux articles du *Conservateur* afin de montrer quels sont et le style et les prétentions de l'aristocratie. Le *Conservateur* n'ayant pas été poursuivi pour ces articles, je puis les répéter sans péril. Si non, de deux choses l'une : ou la loi actuelle sera déclarée par les faits plus rigoureuse que celle du 9 novembre et cet aveu serait précieux à recueillir, ou les Français ne seraient plus égaux devant la loi, et déjà les priviléges seraient rétablis en faveur du *Conservateur*.

3º Je hasarde des réflexions sur l'article du *Conservateur*. — Pourrait-on condamner une réfutation constitutionnelle, quand on a toléré un écrit anti-constitutionnel puisqu'il demande, entre autres choses, le *silence politique*.

4º J'expose les atroces menées de Charles IX et de sa cour, afin de démontrer que *la France des rois* ne fut pas toujours si heureuse que le proclament les amis du vieux temps. Je ne présume pas qu'il se trouve en Europe un homme assez effronté pour oser risquer un mot en faveur de la théorie des massacres, et je m'applaudis d'avoir trouvé un exemple si affreux pour échapper aux méchans esprits qui ont l'odieux talent de trouver partout des allusions.

Cette brochure n'est qu'une suite de fragmens d'un grand ouvrage auquel j'ai renoncé. J'en avertis le lecteur, non pour excuser, mais pour expliquer le défaut d'ensemble qui frappera tous les yeux.

CONSIDÉRATIONS

LES PROJETS DE L'ARISTOCRATIE.

CHAPITRE PREMIER.

———

L'ARISTOCRATIE prétend vivre à discrétion dans la société. Chez nous, elle s'indigne qu'une charte, même royale, lui ait fait sa part ; et si elle veut rétablir le pouvoir absolu, c'est pour son propre intérêt qu'elle le redemande ; car, aussitôt qu'elle verrait le sceptre tombé en des mains faibles, elle saurait bien ressaisir ses anciens priviléges, dépouiller le monarque, asservir le peuple ; en un mot recommencer le moyen âge, comme je prouverai tout à l'heure qu'elle en a effrontément proclamé l'intention. Voilà les chimères dont elle aime à se repaître, et les rois, qu'elle trahit en leur présentant l'appât d'un pouvoir illimité ne sont pas tous et toujours assez en garde contre ses séductions.

Cependant les peuples enfin poussés à bout se

mutinent pour obtenir, non plus des tribuns, mais des constitutions inviolables.

Que les modernes Agrippa nous fassent grâce du vieil apologue: les membres exténués ne veulent point l'anarchie, mais il ne peuvent plus suffire à la gloutonnerie de l'estomac, aux extravagances de la tête (1), il faut définitivement régler l'appétit de l'un et les caprices de l'autre.

Toutefois, cet apologue fameux et la concession du tribunat, prouvent aux hommes, qui ne bornent pas leur éducation politique à l'étude du blazon, que le sénat romain descendit à la prière et consentit à de grands sacrifices, pour ramener le peuple sous un joug à demi-brisé. Cependant ces fiers patriciens ne manquaient pas de courage, mais ils prenaient la peine de compter leurs adversaires ; aussi ne se crurent-ils jamais les plus nombreux et les plus forts, et laissèrent-ils aux faits le soin de prouver qu'ils étaient les plus habiles. S'ils avaient paru intraitables comme les modernes *ultrà*, s'ils avaient repoussé le tribunat comme *les ultrà* repoussent les institutions libérales, c'en était fait de l'aristocratie romaine, c'en est fait aujourd'hui de l'aristocratie gothique.

Aujourd'hui beaucoup de patriciens se croient des Coriolans, parce qu'ils sont hautains et furi-

---

(1) On voit que nous parlons de la monarchie absolue et en thèze générale. Charles VI fut-il un sage et François Ier un administrateur économe ?

bonds; ils se prétendent bannis de la cité, dès qu'on leur défend de l'occuper tout entière, et dès qu'un peuple ose parler de ses droits imprescriptibles ou acquis, ils le menacent de la sainte alliance, au risque de faire passer les rois pour des ennemis ligués à perpétuité contre les peuples. Heureusement tout le monde n'a pas la simplicité de croire à de pareilles menaces; mais les esprits ardens s'en inquiètent et s'en irritent. Plus d'une fois, je les ai entendus s'en plaindre amèrement et dire :

« Comment se fait-il, que la royauté cédant à de
« funestes conseils n'ait pas craint de se déconsi-
« dérer elle-même ; (en 92) en souffrant, en
« ne punissant pas l'affreux manifeste de Bruns-
« wich ; (en 1814 et 1815) en oubliant les plus
« solemnelles promesses faites à la face de l'uni-
« vers ; (dans les congrès) en troquant les peu-
« ples comme des troupeaux. Et ce n'est pas
« tout : des bouches royales ont déclaré que le
« régime constitutionnel était le besoin du
« siècle; et, des constitutions promises depuis
« cinq ans, les unes sont encore à naître, les
« autres ne sont pas exactement observées. Ju-
« geons-en par la nôtre. Il s'agissait, en 1815,
« d'insérer par amendement dans la loi d'am-
« nistie l'exil d'une classe de conventionnels.
« M. de Serre avertit tout le monde qu'*on ne*
« *le pouvait pas, sans violer l'article* 11 *de*
« *la charte.* C'était une vérité incontestable,
« et, qui plus est, incontestée. *Gardons nos*

« sermens, s'écria M. de Serre, comme le roi
« garde les siens ! Et malgré tout cela, le fatal
« article fut voté par la majorité des deux cham-
« bres, et sanctionné par le roi.

« Ainsi, selon M. de Serre, l'article 11 de la
« charte, serait et demeurerait violé, et tout le
« monde aurait manqué à ses sermens. Et lors-
« qu'en 1819 on propose d'effacer cette pros-
« cription, le même M. de Serre, alors comme
« aujourd'hui garde des sceaux, soutient qu'*il*
« *importe à la dignité royale que cet arrêt,* que
« lui-même a déclaré parjure, *ne soit pas révo-*
« *qué* (1).

---

(1) Voici les doléances de M. de Châteaubriand dans la
vingt-septième livraison du *Conservateur.*

« L'aveuglement de ceux qui nous ont gouvernés depuis
quatre ans est un miracle. Toutes les fois que la providence
a voulu nous sauver, ils ont brisé entre leurs mains l'instru-
ment de notre salut... Effrayé, mais trop tard, des consé-
quences de son système, le dernier ministère a voulu s'arrêter, et il a disparu. Aucune espérance ne s'attache à l'administration nouvelle.... La tyrannie craint le talent, et qu'on
ne s'aille pas figurer qu'il s'agisse encore de chambres,
de ministères, de lois, de discours; nous n'en sommes
plus là: nos institutions debout, en apparence, sont tom-
bées.... Tout, dans nos nouvelles lois, détruit la monarchie
constitutionnelle, et les trois pouvoirs de l'état ne sont pas
moins ébranlés... Une ordonnance n'abroge-t-elle pas l'article principal de la loi d'amnistie.... Persuadons nous donc
que le ministère a par ces dernières mesures porté un
coup funeste au gouvernement représentatif, de même que
par son système général il met en péril la monarchie légi-

« Quoi donc ! selon un ministre de la justice,
« la royauté, même constitutionnelle, aurait une
« conscience qui se prêterait au parjure, et
« une dignité qui lui défendrait de révoquer
« le parjure ! et l'univers l'a entendu ! et la
« royauté ne l'a pas démenti ! et cet homme-là
« est conservé ministre ! et le ministère dont
« il est membre sollicite des lois de confiance !
« et un de ses collègues a demandé et obtenu
« l'arbitraire en déclarant que l'arbitraire est
« constitutionnel ! D'où il suivrait que notre ré-
« gime constitutionnel, serait proclamé monar-
« chie absolue, par le ministère lui-même. »

---

time.... Le chemin que l'on suit mène donc tout droit à
l'illégitimité.... Une poignée d'intriguans sans capacité,
quelques idéologues, une douzaine d'écrivassiers suffisent
au moyen du système adopté pour changer la face de la
France.... On compte ses vertus passées pour deviner ses
souffrances à venir. Quand on est frappé on peut toujours
dire c'est pour tel service, comme le proscrit romain
s'écriait : c'est pour ma maison d'Albe. »

Ce petit fragement est bien plus fort que les plaintes rap-
portées ci-dessus. Cependant on l'a toléré sous la loi de
novembre, et remarquez que les motifs du *Conservateur*
ne peuvent lui servir d'excuse, car il éclate ainsi, parce
qu'une ordonnance rappelle quelques-uns des bannis. Il
conteste donc au roi l'exercice du droit de grâce, et lui
veut interdire la clémence envers des hommes jugés con-
trairement à la charte. Les discours que je rapporte sont
inspirés par la charte royale et l'humanité ; ils ne peuvent
être séditieux sous un Bourbon.

On peut trouver beaucoup d'exagération dans ces reproches, mais on ne saurait démontrer qu'ils soient tout à fait déraisonnables; d'ailleurs je me refuse à croire le gouvernement de mon pays moins sage que les autres; et je demande à tous les ministères du monde civilisé, si c'est ainsi qu'on espère raffermir la royauté, quand tout le genre humain s'insurge contre le pouvoir absolu, et lorsqu'en haine du pouvoir absolu, l'Espagne et l'Italie, ont déjà porté atteinte au dogme de la légitimité.

Je conçois que les aristocrates, ne pouvant s'accommoder du régime constitutionnel qui ruine leurs prétentions, s'efforcent de nous faire croire qu'il est incompatible avec la royauté. Mais la royauté souffrira-t-elle, qu'en un temps où les peuples maudissent partout le despotisme et s'arment pour le combattre à outrance des imprudens ou des perfides persuadent aux gens ombrageux, qu'il n'y a pas de royauté possible hors le despotisme, et qu'il faut désespérer de la royauté constitutionnelle. En vérité, quand je vois l'aristocratie crier au jacobinisme, je crois voir les incendiaires, criant au feu pour détourner les soupçons, et donnant les pompiers pour les suppôts de Carrier.

La révolution de Naples a suivi de près la révolution espagnole. Que produiront les menaces de l'Autriche ? peut-être la révolution piémontaise. Dans les circonstances présentes, qui osera calculer les effets possibles d'un premier coup de canon tiré contre une armée constitutionnelle.

On a pris contre la propagation de la société des Carbonari dans l'Italie autrichienne des mesures qui paraissent plus que rigoureuses; les résultats seront-ils heureux? j'en doute, malgré les bravos des bonnes gens qui avaient pensé faire de leur bonnet d'âne, un éteignoir pour le Vésuve, et qui aujourd'hui s'imaginent être de poids à comprimer l'éruption, en se tenant assis sur le cratère. Ils n'ont donc jamais remarqué la redoutable simpathie du Vésuve et de l'Etna? fermer l'un, serait refouler vers l'autre des laves furibondes; fermer les deux, serait briser le globe. Ils ne remarquent pas davantage la simpathie des volcans politiques, et cependant, une note, même démentie, une simple démonstration hostile contre l'Espagne, a fait surgir tout-à-coup la révolution portugaise.

Ennemis de la liberté, ne jugez du royaume de Naples ni par les victoires de Championnet, car les napolitains combattaient alors ce qu'ils vont défendre aujourd'hui; ni par la chute de Murat qui ne prouve pas plus que la chute de Napoléon; mais jugez-en par les Vêpres Siciliennes; et puis, allez, si vous l'osez dans ce moment d'exaltation universelle, remettre en des mains italiennes le poignard de Scœvola; ou plutôt, jugez de l'Italie régénérée, par les prodiges de l'Italie antique. Jugez de l'Espagne par les siéges de Sagunte et de Numance, par ses huit siècles de guerres contre l'élite des Maures; par ses huit années d'invincible résistance contre celui à qui rien n'a résisté que l'Espagne et le destin. Quant à nous (car nos aristocrates nous menacent depuis long-temps, et nous nous flattons que, s'il fallait combattre pour le régime constitutionnel, on permettrait aux Français de se rappeler qu'en 1815, on a confié à leur courage le dépôt sacré de la charte,) pour nous, dis-je, nos baïonnettes et nos boulets de Waterloo n'avaient pas encore dégénéré de Jemmapes et d'Austerlitz; d'ailleurs Napoléon ne serait plus là pour empêcher la levée en masse de nos provinces les plus guerrières, et l'on ne fait pas trois fois des capitulations de Paris. Si des maréchaux ont rendu notre capitale deux fois dans un an, jadis un évêque a suffi pour la défendre.

Un peu de réflexion prouve qu'une ligue contre les constitutions amèneraient une contre-ligue de l'Espagne, de l'Italie et de la France. Ainsi, les trois peuples de l'Europe, qui, chacun à leur tour, ont dominé dans le monde, sont prêts à soutenir la liberté, mais contre qui? Les Belges, les Prussiens, les Allemands aspirent à des institutions libérales. Fera-t-on l'école des envoyer contre les libéraux du midi? Les Autrichiens eux-mêmes resteront-ils tous et toujours inaccessibles *au besoin du siècle?* S'ils entrent seuls dans la lice, comment en sortiront-ils?... Je n'oublie point les autres puissances, mais jeu

crois Alexandre trop généreux et trop consé-
quent pour aller si loin combattre les progrès
de la civilisation qu'il encourage chez lui ; ou
trop prudent pour envoyer ses soldats apprendre
de nous ce qu'ils auraient mission de nous faire
oublier, et ce que justifierait à leurs yeux l'histoire de Novgorod si jalouse autrefois de ses
institutions si libérales. D'un autre côté, je me
persuade que le ministère britannique a de la
besogne taillée pour plus d'un jour.

Mais supposons que je me sois trompé et que
l'Angleterre, l'Autriche et la Russie envoient
contre nous un million d'hommes; nous saurions
encore, s'il le fallait, leur opposer quatorze armées citoyennes, le soleil d'Austerlitz se lèverait
plus radieux pour les soldats de la liberté ; les cris
de guerre iraient au capitole réveiller le peuple-
roi ; ils doubleraient l'énergie de l'héroïque Espagne et, ne fût-ce que par habitude, la victoire
se mettrait du parti où elle verrait les drapeaux
de France. Mais, pendant la lutte, que feraient,
dites-nous, les Belges, les Prussiens, les Allemands ?

Nous avons vu courir un manifeste (supposé
à ce qu'il paraît) contre la révolution espagnole.
Ce n'est plus l'atroce clarté de Brunswick, c'est
toujours sa pensée hostile. Ainsi, lorsque Ferdinand jure à la face du monde que le nouveau
régime fait sa gloire et son bonheur, on va, en
lui promettant vengeance, donner à croire que
tout bas il se dit outragé, et que ses discours

secrets démentent ses protestations publiques; ainsi on arme contre lui les soupçons populaires!

C'est grand dommage que le testament de Louis XVI soit encore si peu connu. Je pardonne, dit ce prince, je pardonne à mes ennemis et à *ceux qui, par un faux zèle, ou par un zèle malentendu, m'ont fait beaucoup de mal*. Ainsi le fils de Saint-Louis, montant au ciel et pardonnant à la terre, croit que le zèle de ceux-là même qui se proclament ses amis, a besoin de toute sa charité. L'excès de la maladresse de ce zèle lui paraît si étrange, qu'il y entrevoit quelque trahison, puisqu'il a peur de ne point pardonner à tous ses prétendus amis, s'il ne pardonne qu'au *zèle malentendu*. Et, dans ces momens de pieuse résignation et d'inépuisable clémence, la sublime ingénuité du martyr révèle au monde des soupçons accusateurs.

Cette citation ne cache ni le désir, ni même la crainte de voir des erreurs semblables produire de semblables catastrophes. Je voudrais seulement qu'elle imposât silence au *zèle malentendu*, et surtout au *faux zèle*.

En un mot, voici l'état des choses: les nations sont éclairées, elles s'entendent; elles ont proscrit la monarchie absolue, profitable seulement à l'aristocratie; elles ont peur de la république, elles essaient la royauté constitutionnelle; mais il faut se garder de les en dégoûter, en prouvant par les faits, qu'elles y trouveront toujours et forcément la monarchie absolue, c'est-à-dire, l'arbitraire, qui n'est jamais constitutionnel , quoiqu'on en dise, car la constitution qui le permettrait ne serait plus qu'un diplôme de tyran. Il faut sans cesse avoir présent à la mémoire, ce royal aveu : *le régime constitutionnel est le besoin du siècle*, et se rappeler que selon M. de Châteaubriand lui-même, si les mœurs sont monarchiques, l'esprit est républicain ; ce qui veut dire, seulement, que la raison européenne condamne le despotisme autant que les mœurs repoussent la république. Voilà ce que les ministres doivent apprendre et bien retenir, pour résister toujours aux suggestions de l'aristocratie, qui se couvre de la personne des rois, pour arriver sans péril au but qu'elle se propose. Ce but est de ramener les ténèbres du moyen âge et la féodalité tout entière. Oui , tout incroyable qu'il soit, voilà son projet, bien développé dans le *Conservateur*, ou, comme on sait, se publiaient les manifestes du parti.

CHAPITRE II.

On trouve dans la vingt-septième livraison du *Conservateur* le passage suivant :

« Un seul homme fait tout.... Ce bon peuple
« s'étonne quand on lui donne part aux affaires
« de l'état... Armé de la volonté, aidé de l'obéis-
« sance, cet homme chargé de sauver l'empire...
« aura une doctrine à lui. Cette doctrine sera net-
« tement monarchique... dans un gouvernement
« représentatif, la première loi est de marcher
« sur une majorité inébranlable.... pourvoir au
« bien provisoire de la religion sans ajouter aux
« charges de l'état. Que faut-il en effet ? Exécuter
« un concordat signé.... multiplier les grands et
« petits séminaires ... ne pouvant pourvoir au
« remplacement des pasteurs qui s'éteignent,
« porter l'économie qui peut en résulter sur la
« propagation des missions ; soumettre tout l'édi-
« fice de l'éducation publique à la surveillance
« de l'église..... si nous parlons de la monarchie
« représentative, ce n'est pas trop de l'aristocratie
« la plus puissante. L'homme d'état l'élèvera au-
« tant qu'elle a été abaissée : c'est dire beaucoup.
« Bornons-nous à quelques indications légères :
« restituer les titres aux terres.... attacher à ces

« mêmes terres, en proportion de leurs titres et
« de leur valeur, tous les avantages civils et
« politiques que comportent nos institutions;
« déclarer les terres titrées indivisibles et affectées
« à l'aîné de la famille... provoquer, avec temps
« et mesure, toutes les lois nécessaires pour re-
« composer et affermir les grands domaines
« divisés; arrêter à tout prix la contagion du
« morcellement. Pour consolider l'aristocratie,
« rechercher tous les principes de corporations
« de métiers, d'arts, de finances, de commerce,
« religieuses, politiques; ainsi on clouera les
« employés à leurs fonctions. Ne démolir qu'à
« mesure qu'on verra la religion reconstruire;
« ainsi entreprendre la diminution graduelle des
« spectacles, des wauxhalls, des cafés, des bil-
« lards. Alors, marchant sans détour dans la voie
« monarchique, on aura la paix et le silence po-
« litique; l'esprit d'égalité sans limite aura été
« soumis par la religion et réglé par la hiérarchie.
« Enfin la France des rois, celle que nos pères
« ont vue, sera en tout opposée à la France des
« sophistes. »

Ainsi parlait impunément M. de Frénilly sous
l'empire de la loi préventive du 9 novembre;
et son parti qui le lisait ne s'est pas mis en
peine de le démentir.

Il est évident, je crois, pour tout le monde,
que la pensée du *Conservateur* est tout entière
dans cette phrase claire et précise: *ce n'est
pas trop de l'aristocratie la plus puissante :*

BIBLIOTHÈQUE ROYALE

l'homme d'état l'élèvera autant qu'elle a été abaissée.

Or, l'histoire atteste que l'aristocratie, foulant aux pieds les peuples abattus, s'était élevée au dessus du trône ; c'est de là qu'elle est tombée ; le *Conservateur*, qui sait l'histoire du moyen âge, veut donc l'élever jusque là, et la remettre au-dessus du trône ! Il le veut puisqu'il déclare que *ce n'est pas trop de l'aristocratie la plus puissante.* L'aristocratie, telle qu'elle était sous Louis XVI, Louis XV, Louis XIV, Richelieu, Charlemagné ou Clovis, n'étant pas si puissante que celle de la fin de la seconde race, ne serait pas assez pour le *Conservateur.* L'aristocratie, qui ne tiendrait pas le monarque en tutèle et le peuple attaché à la glèbe, ne serait pas la plus puissante ; l'aristocratie, qui ne pourrait pas vendre le roi et la nation aux empereurs d'Allemagne, aux rois d'Espagne ou d'Angleterre, ne serait pas la plus puissante ; l'aristocratie, qui ne pourrait refuser dans les temples de s'incliner quand le pontife annonce la présence du vrai dieu, qui ne pourrait déposer ou égorger les rois, chevaucher la paysanne sur la huche où serait enfermé le vilain, etc., ne serait pas la plus puissante ; l'aristocratie, qui ne posséderait pas la juridiction seigneuriale, sans code écrit, sans appel et sans bornes, ne serait pas la plus puissante ; l'aristocratie, qui ne posséderait pas le droit de guerre particulière, le droit de dé- trousser les voyageurs et les marchands, le droit d'établir, de percevoir et d'employer sans contrôle les contributions, le droit de battre monnaie, le droit de cuissage, etc., etc., ne serait pas la plus puissante; en un mot, l'aristocratie, qui ne rétablirait pas la féodalité tout entière, c'est-à-dire, avec tous ses révoltans abus, ne serait pas la plus puissante, et c'est *la plus puissante* que redemande le *Conservateur*. Prétendra-t-il avoir restreint le sens de ces expressions : *ce n'est pas trop de l'aristocratie la plus puissante, l'homme d'état l'élèvera autant qu'elle a été abaissée*, en les faisant précéder de celles-ci ; *si nous parlons de la monarchie représentative ?* Je répondrais : par cela même que vous énoncez ce doute ou cette distinction, vous faites voir que vos conseils tendent à autre chose que le gouvernement représentatif en France. Votre excuse dépose contre vous; et vous vous trahissez encore à la fin de votre article en disant : *alors marchant sans détour dans la voie monarchique*, etc. *Alors sans détour* annonce clairement des détours antérieurs, et si vous avez la sottise de publier que vous conseillez des détours au gouvernement pour tromper à son profit la masse de la nation, il m'est permis de croire que vous avez la déloyauté d'user vous-même de détours dans vos conseils pour tromper le gouvernement au profit de l'aristocratie. C'était donc bien l'abaissement du trône royal, l'esclavage du peuple, et toute la féodalité que réclamait le *Conservateur*, quand il exhortait à *élever l'aristocratie autant qu'elle a été abaissée;* et quand, pour montrer qu'il a bien su et voulu dire tout ce qu'il dit, il ajoute : *c'est beaucoup dire.*

Voyant ce que l'aristocratie est actuellement et ce qu'elle prétend redevenir, vous penserez que l'absurdité de ces prétentions est un suffisant préservatif. Détrompez-vous. Les projets d'un monarque périssent avec lui parce qu'un monarque vit peu et meurt tout entier. Mais les corps politiques vivent des siècles, se renouvellent, si j'ose le dire, par molécules, et la masse, toujours homogène, conserve toujours sa tendance. De Clovis à Louis XVIII, l'aristocratie a changé de poids, non d'esprit. Elle se souvient que, partie du néant où elle n'est pas encore redescendue, elle a pu se placer et dominer plusieurs siècles au sommet de l'édifice politique ; elle se dit tout bas que pour y monter encore elle aura moins à gravir qu'autrefois. Jadis, pour arrêter un moment ses conquêtes, il fallut le bras de fer de Charlemagne ; après lui, elle envahit tout ! Elle a tout perdu, elle espère tout reconquérir ; et si vous croyez impossible au cortége gothique, lourdement retombé dans la vallée profonde, de remonter au sommet de son Capitole que la révolution, en passant, a coupé à pic comme la roche tarpéienne, le *Conservateur* vous montrera les *détours* à lui connus, qui peuvent y conduire la constance et l'audace. Suivez le dans les *indications légères* auxquelles *il* se

*born e*pour *relever l'aristocratie autant qu'elle
a été abaissée.* A la vérité, il restreint les avantages civils et politiques, qu'il réclame pour les
terres titrées, aux seuls avantages *que permettent
nos institutions.* Mais qu'entend-il par nos institutions ? La charte ? Et bien la charte ne com-
porte aucun *avantage civil ou politique*, que
l'on puisse attacher exclusivement aux terres titrées en *proportion de leurs titres et de leur valeur.* Cela se démontre facilement :

La charte, si heureusement appelée *l'arche
d'alliance*, est une concession à l'opinion publique ; au temps de cette concession, l'opinion
publique réclamait avec cette énergie qui ne
permet pas à la prudence de risquer un refus,
l'opinion réclamait pour tout citoyen, et toute
chose d'égale nature, l'égalité devant la loi.
Aussi, voyons-nous que toutes les dispositions
générales de la charte respirent et proclament
cette égalité. C'est là l'esprit, le vœu premier,
la lettre de la charte ; pourtant elle admet des
exceptions relativement à la noblesse (art. 71,)
aux pairs (art. 27 et 34,) aux députés (art. 38,
39, 51, 52.,) et aux électeurs (art. 40.)

Je m'armerai de ces exceptions mêmes, pour
confirmer la règle et je dirai : de ce que le législateur n'a pas négligé d'établir quelques exceptions qu'il a jugées utiles, il faut conclure
qu'il a rejetées comme inutiles ou comme dan-
gereuses toutes celles qu'il n'a pas expressément
établies. Donc, ne s'écarter de l'égalité consti-

tutionnelle que pour les points expressément autorisés par la charte, ou bien, avouer que rien ne limitant le nombre et la nature des exceptions, le principe est anéanti. Cela me paraît concluant, surtout quand on voit par les exceptions en faveur des pairs, que le législateur suprême n'a pas oublié l'aristocratie; quand on voit que les exceptions en faveur des députés sont au moins aussi restreintes que le permettait l'indépendance nécessaire à la représentation nationale; quand on voit que les exceptions en faveur de la noblesse ancienne se bornent à lui rendre *ses titres*; que les exceptions en faveur de la noblesse nouvelle se borne à lui conserver *ses titres*; que les exceptions en faveur des nobles à venir se bornent à leur accorder des *rangs et des titres d'honneur, sans aucune exemption des charges et des devoirs de la société*; et quand on se rappelle (article 1ᵉʳ) *que les Français sont égaux devant la loi, quels que soient d'ailleurs leurs titres et leurs rangs.*

Ainsi, je le répète, l'égalité devant la loi est le vœu général de la charte; le pouvoir législatif ne peut s'en écarter que pour les cas expressément désignés par la charte. Or, elle permet que l'on donne des titres et des rangs aux personnes, mais elle ne dit pas qu'il sera permis d'en donner aux terres, et si l'on prend ce silence pour une concession, je rappellerai que malgré la différence des rangs et des titres les Français doivent rester *égaux devant la loi;*

après cela, je demanderai quels sont les *avantages civils et politiques* que l'on veut *accorder aux terres, en proportion de leurs titres et de leurs valeurs.* Ce simple énoncé prouve d'abord que les avantages réclamés ne sont pas de vains titres honorifiques. Ce sont donc des priviléges civils et politiques, des priviléges effectifs que l'on prétend recouvrer. Or, la raison assure, et l'histoire atteste, que les priviléges de la propriété fondent les priviléges du propriétaire; exiger des priviléges effectifs civils et politiques pour les propriétés territoriales, c'est donc en réclamer pour les propriétaires, c'est donc faire à l'égalité ordonnée par la charte une exception qu'elle n'a pas expressément permise, c'est donc violer la charte. On prétendra sans doute que les avantages étant attachés à la terre, passeront avec elle d'un maître à un autre, et que tout le monde pouvant s'enrichir, donc devenir propriétaire, l'égalité ne sera pas mieux blessée par ces priviléges attachés aux biens territoriaux, qu'elle ne l'est par les priviléges de la pairie que le roi concède avec le titre de pair, par les priviléges des électeurs qui s'acquièrent avec la fortune, et par les priviléges des députés qui s'acquièrent par la fortune et l'élection. Je réponds que les priviléges des pairs, des électeurs et des députés sont expressément voulus par la charte, donc constitutionnels quoiqu'en opposition avec le principe général; mais que les priviléges réclamés pour les propriétés territoriales, et qui nécessairement donneront aux propriétaires des avantages exclusifs, c'est-à-dire, des priviléges, n'étant point mentionnés dans la charte, et en contrariant le principe général, sont inconstitutionnels. Pour achever de lever tous les doutes, remarquons qu'un peu plus loin le *Conservateur* demande *le silence politique*, bien que la charte accorde expressément la liberté de la presse, et ne craignons pas de lui trouver d'autres pensées anti-constitutionnelles.

C'est le rétablissement des fiefs que le *Conservateur* veut préparer. Et puis, que des malveillans viennent nous dire que l'aristocratie n'a rien appris !

Affecter les terres titrées à l'aîné des familles, c'est établir l'aristocratie dans les familles, pour tâter et apprivoiser la nation. Quand, habitué dès son enfance à voir dans son aîné un supérieur prédestiné à hériter du titre et du majorat paternel, *M. le marquis* dira : *monseigneur le duc, mon frère*, le pauvre vilain croira ne pouvoir refuser une bien profonde révérence à un duc de vingt ans ; dès que le vilain se courbera devant un homme, par cela seul que cet homme est né duc, l'aristocratie, toujours alerte, lui sautera à colifourchon sur l'échine et mon vilain redeviendra bête de somme, comme devant. Souvenez-vous que l'aristocratie du moyen âge a commencé : 1° par des fiefs, c'est-à-dire, des concessions territoriales révocables à la volonté du cédant ou de ses héritiers; 2º par des charges toutes amovibles, et 3º par des titres purement honorifiques; après cela, courbez-vous encore devant les ducs et les marquis. Si mes démonstrations ne paraissent pas rigoureuses à tout le monde, si l'on m'objecte quelques précautions oratoires bien clair-semées dans l'article que je rapporte, je me justifierai en produisant encore cette phrase qui termine l'extrait : *Alors marchant sans détour dans la voie monarchique, on aura la paix et le silence politique. L'esprit d'égalité sans limite aura été soumis par la religion et réglé par la hiérarchie. Enfin la France des rois, celle que nos pères ont vue, sera en tout opposée à la France des sophistes.*

Il est évident par cette phrase, que le *Conservateur* ne trouvant pas sans doute que la charte, ait fait assez en déclarant les Français *égaux devant la loi,* prétend davantage en *soumettant par la religion l'esprit d'égalité sans limites* et en *le réglant par la hiérarchie.* On sait ce que le *Conservateur* entend par *sophite.* On sait que *la France en tout opposée à celle* de ce que le *Conservateur* appelle les *sophistes* est celle de la féodalité. On sait que *la France des rois* n'avait point de constitution, et d'ailleurs était la France des rois, quand les rois étaient les plus forts; mais la France de l'aristocratie quand l'aristocratie pouvait dominer les rois.

Des alarmistes ont donné à entendre que les conservateurs, ou ceux qui les inspirent avaient enfin saisi les rênes du gouvernement. Ce qui à produit cette erreur c'est, qu'on se rappelle les *indications légères* pour nous ramener à *la France des rois* et que la plupart des moyens *indiqués* sont déjà employés.

1° La première loi pour l'homme d'état est de marcher appuyé sur une majorité inébranlable. — (Nous avons vu cette majorite.)

2° Pourvoir au bien *provisoire* de la religion, sans ajouter aux charges de l'état. — (Il ne peut-y avoir de doute que sur la restriction.)

3° Multiplier les grands et petits séminaires, propager les missions. — (En tout cela le *Conservateur* est servi à souhait.)

4° Exécuter un concordat signé. — (Voyez les budjets, article des cultes.)

5° Pour *élever l'aristocratie autant qu'elle a été abaissée*, déclarer les terres titrées indivisibles et affectées à l'aîné de la famille. — (Les majorats;)

6° Provoquer avec temps et mesure toutes les lois nécessaires pour récomposer et affermir les grands domaines, arrêter à tout prix la contagion du morcellement. — (On a proposé l'établissement de majorats sans titre de noblesse;)

7° Rechercher tous les principes de corporations, de métiers, d'arts, de finances, de commerce, religieuses, nobles, politiques, et clouer les employés à leurs fonctions. — (Déjà on voit reparaître des simulacres de corporations, de métiers, et les couvens-pullulent.)

8° Diminuer les spectacles, les wauxhalls etc.

(A Marseille et dans beaucoup de villes du midi, les spectacles sont fermés, et les Basques mêmes ne dansent plus.)

9° Alors, marchant *sans détour* dans la voie monarchique, on aura la paix et le silence politique. (M. Pasquier a déjà *marché sans détour dans la voie monarchique* en déclarant que le gouvernement voulait l'arbitraire tout pur ; la loi qui met toute la France en état de suspicion, et toutes les personnes à la merci du ministère, a été votée par la *majorité inébranlable,* et la censure vient de renaître plus sévère que jamais.)

Le *Conservateur* avait dit qu'en faisant tout cela, on nous ramènerait à la France des rois, c'est-à-dire, à l'anéantissement du régime constitutionnel et au rétablissement du régime despotique et aristocratique. Aussi beaucoup de gens s'épouvantent de ce qu'on suit exactement la route *indiquée* par le *Conservateur*. Mais on peut se rencontrer avec lui, sans l'avoir pris pour guide ; mais ses paroles ne sont pas des oracles, et, au pis aller, nous aurons la satisfaction de vérifier s'il se trompait en *indiquant* cette voie pour aller à son but, ou si le ministère se trompe en la choisissant pour arriver à une autre fin.

CHAPITRE III.

Puisque les ennemis des principes libéraux nous vantent sans cesse la France des rois, apprécions la par un exemple. — Ce qui va suivre est tiré principalement d'un vieux livre intitulé : *Estat de France sovs Charles neufiesme* ; j'en copierai quelques passages, j'analyserai le reste du récit de la saint Barthélemy. Voici une partie de la préface de ce livre imprimé en M D LXXVIII.

« Il y a des malveillans et flatteurs à loage
« qui appellent tous livres qui descouurent tant
« soit peu l'ordure de la tyrannie, libelles dif-
« famatoires, et crient que c'est violer la paix
« publique.... Les libelles sont ceux qui justi-
« fient les meurtres.... Nos ennemis nous prê-
« chent *la patience chrétienne* pour nous dévo-
« rer à leur aise... puisqu'ils ne veulent recon-
« noistre le tort qu'ils ont fait aux autres, tant
« s'en faut qu'ils s'en repentent, qu'ils ont con-
« tinué et sont prêts à recommencer, ce n'est
« que bien fait de les marquer afin qu'on les
« reconnoisse. Si pourtant il m'en advient quel-
« qu'inconvénient en mon corps, ce sera peu
« de chose si j'ay fait quelque service à ma pa-

« trie et matrie... Quant à vous lecteur, je n'ai
« voulu vous mutiner en ces écrits; ains je vous
« prie de devenir plus vertueux en les lisant...
« en quelques endroits j'ai librement descouuert
« ce que les rogneux estimeroient devoir être
« caché; il est impossible qu'il n'y en ait de mal-
« contens. S'ils sont du nombre des massacreurs,
« qu'ils sachent que ce ne sont ici que les pré-
« faces de leurs cruautés.... j'ai présenté ce qui
« m'a semblé convenir en ce temps. »

Je cite ce fragment pour montrer que mon
auteur n'est point un brouillon.

Il n'entre point dans mes vues d'expliquer
l'origine et les progrès du protestantisme; la cour
détestait les protestans, bien moins pour leur
hérésie, que pour leur esprit investigateur; ils
avaient osé scruter les mystères religieux et en
condamner quelques-uns; il était naturel de craindre que leurs regards aguerris contre le ciel n'o-
sassent examiner les puissances de la terre; ceux
qui profitaient des abus, redoutant une raison
si intraitable, si hardie, résolurent d'employer
le fer et le feu pour imposer silence au protestantisme; ils le résolurent, ils le firent; et le pape
légitima leur cruauté autant qu'un animal à deux
pieds et sans plumes, bardé de trois couronnes,
peut légitimer la rapine, l'assassinat, l'incendie
et les discordes civiles. (Je parle des papes qui ca-
nonisent les égorgeurs.)

Dans le principe, les protestans assaillis par
les croisades catholiques, étaient réduits à eux-

mêmes ; bientôt la thiare perdit heureusement son crédit usurpateur ; alors des catholiques, amis d'une liberté sage et partisans de la tolérance religieuse, se mirent du côté des victimes contre les assassins ; aux massacres succédèrent les guerres civiles ; il fut du moins permis au brave de mourir les armes à la main ; ces guerres finissaient par des traités toujours onéreux aux protestans, et cependant, toujours condamnés à Rome, et toujours rompus par les catholiques enragés de la rage papale. (Je parle des papes qui ordonnaient le meurtre.)

En 1561, un édit royal avait permis le libre exercice de la religion réformée dans les faux-bourgs des villes ; et ce réglement était en vigueur même à Paris.

François duc de Guise, alors grand-maître de France, n'avait point assisté aux états de 1561 où l'édit avait été rendu. L'ambition de la maison de Lorraine déja manifestée sous François II, s'alarmait de la prépondérance future des religionnaires. François, bien accompagné, revint à la capitale. Chemin faisant, sa suite massacra plus de 60 huguenots assemblés au prêche de Vassy; l'amiral Gaspar de Coligny, son frère François d'Andelot, colonel de l'infanterie française, et d'autres seigneurs de la religion s'en plaignirent à Louis de Bourbon, prince du sang, nommé prince de Condé, qui était le chef du parti.

L'incapacité d'Antoine de Bourbon, roi de Navarre, avait permis à la reine-mère, Catherine

de Médicis, nièce du pape Clément VII, d'usur-
per la régence ; c'était double honte !

Compatriote de Machiavel, cette femme douée
d'un génie médiocre et d'un cœur pervers, adopta
un système de bascule ; esclave des Guises, sous
le règne de François II, elle voulut pendant sa
régence leur opposer le prince de Condé qu'elle
gagna par les plus belles promesses ; mais le duc
de Guise s'étant emparé de la personne du roi,
Condé se saisit de quelques places ; la guerre
civile recommença. Médicis se donnait la peine
ou le plaisir de dissimuler, elle assurait vouloir
le maintien de l'édit, la fin de la tyrannie des
étrangers (C. A. D. des Guises ;) les protestans et
Condé la servirent ; 20000 catholiques prirent
également sa défense. On guerroyait depuis une
année, quand Poltrot assassina Guise, la paix
se conclut. Un nouvel édit (celui d'Amboise)
accorda aux protestans des prêches en certains
lieux et le libre exercice de leur culte.

Mais les magistrats catholiques, créatures des
Guises et presque tous fanatisés, persécutaient
les religionnaires. Ceux-ci demandèrent justice.
Ce fut envain, comme toujours. Même, sous prétexte de visiter le royaume, on conduisit le roi
à Bayonne et le but secret de ce voyage était
de préparer les amis de la cour à reprendre
les armes, et de s'entendre avec les Espagnols
pour écraser des compatriotes. Après ce voyage,
Médicis, qui savait la théorie des grands moyens
les voulut employer. Philippe II roi d'Espagne

avait (en 1567) envoyé le duc d'Albe avec une armée, pour exterminer les protestans de Flandre ; Médicis acheta six mille Suisses sous prétexte de couvrir la frontière. Pendant que le duc d'Albe poursuivait à outrance les sectaires en Flandre, la reine-mère et le connétable complotèrent de les massacrer à Paris. Ce complot fut découvert, la guerre recommença (en 1567,) et finit bientôt par la paix de Chartres. Le connétable venait d'être tué à la bataille de Saint Denis. Le duc d'Anjou, depuis Henri III, âgé de seize ans et frère du roi, était alors lieutenant du royaume.

On se hâta si maladroitement de jeter de fortes garnisons dans les places évacuées par les insurgés, qu'ils prirent l'alarme. Le prince de Condé et l'amiral, avertis que le maréchal de Tavannes, âme damnée des Guises, leur dressait des embuches, s'enfuirent à la Rochelle avec leur famille. On espérait n'avoir qu'à égorger, il fallut combattre. L'habile Médicis avait fait une école.

Frère du dernier duc de Guise, le cardinal de Lorraine surnommé *le flambeau des guerres civiles*, était le favori de la cour. Il persuada au roi de rendre un édit *perpétuel* et *irrévocable*, qui défendît toute autre religion que la Romaine ; et effectivement l'édit fut rédigé à Saint-Maur-les-Fossés, en septembre 1568, et imprimé à Paris et à Lyon. Il fut depuis supprimé, comme déposant de la duplicité du roi qui s'excusait de manquer à ses sermens antérieurs sur ce qu'il les avait prononcés sans intention d'y être fidèle. C'est une modification de la doctrine des circonstances, si commode aux parjures qui ont peur de rougir.

Le prince de Condé battu, pris, et tué de sang-froid par une espèce de Trestaillon appelé Montesquiou et capitaine des gardes de Monsieur (le duc d'Anjou) fut remplacé, comme chef du parti, par Henri de Navarre, prince de Béarn, depuis, Henri IV, alors âgé de quinze ans.

Cette troisième guerre avait tellement dévasté la France que la cour, les Guises mêmes souhaitèrent la fin des hostilités. Le roi et le conseil secret y consentirent, espérant plus de la trahison que de la guerre ouverte. Mais comment vaincre les défiances des protestans ? Le roi fit proposer à l'amiral Coligny de se réunir contre le duc d'Albe, qu'il accusa des troubles de la France ; il reprochait encore au roi d'Espagne l'envahissement de la Floride et le massacre des Français. L'amiral savait les intelligences des Guises avec l'Espagne, les ménagemens de Médicis, la dévotion du conseil pour Philippe II, dont l'ambassadeur était de toutes les délibérations secrètes ; il savait que l'ignare et infâme Birague, remplaçait le vertueux et savant L'hopital, et que Monsieur continuait ses menées hostiles ; mais il savait aussi qu'on l'accusait lui-même de prolonger la guerre par ambition et il hésitait. Sur ces entrefaites, le bruit se répand que Philippe II a empoisonné sa femme, sœur du roi de France; l'amiral ne balance plus, il consent à la paix, et l'armée qui pouvait tenir encore, se résigna noblement à une capitulation dangereuse. Le premier et le second article du troisième édit de pacification, portent une amnistie générale et réciproque. L'exercice public du culte protestant fut permis quoiqu'avec de fortes restrictions, et l'édit publié, à Paris le 11 août 1770, le 26 à la Rochelle. Le roi en fit jurer la fidèle exécution à tous ses fonctionnaires, et laissa pour deux ans quatre places de sureté aux huguenots, qui rendirent leurs armes, renvoyèrent les Reîtres et se séparèrent. Le roi s'épuisait en démonstrations de joie et en protestations de bienveillance; sa mère paraissait charmée du rétablissement de la paix publique; Monsieur, moins fourbe ou si l'on veut moins discret, cachait mal son inimitié, mais on s'obstinait à espérer qu'il s'amenderait à la fin. D'ailleurs la grande majorité de la nation était contente de voir finir tous ces sanglants débats, et les incorrigibles se trouvaient alors en si petit nombre qu'à peine leur faisait-on l'honneur de penser à eux, même pour les mépriser.

Cependant les esprits qu'on appela sans doute soupçonneux, jusqu'à l'événement, et que, depuis, on dût appeler prophétiques, remarquaient qu'un roi n'est qu'un homme coiffé d'une couronne; que les hommes ne passent point subitement de la haine à l'amitié, que celui qui tout à l'heure aurait voulu armer l'univers contre ses concitoyens, n'ayant pu les vaincre, peut chercher à les tromper. Il remarquait que la cour avait noué des intrigues secrètes avec l'Espagne, et armé des Suisses contre des Français; que le roi, tout à l'heure déterminé à une guerre à mort, avait voulu, au siége de Saint-Jean-d'Angély, tuer de sa main des soldats trop lents à courir à une brèche encore impraticable, et que soudain, il lui avait pris envie de faire la paix, quand il pouvait espérer de vaincre. D'ailleurs ses grimaces étaient démenties par les faits; car malgré les plus vives sollicitations et le droit le plus évident, les religionnaires ne purent jamais obtenir justice ni des tribunaux, ni de la cour.

Il fallait marier Charles IX. Soit aveuglement de l'amour-propre, soit excès de mépris pour l'espèce humaine, la femme qui menait la cour se faisait l'honneur de craindre une rivale. Elle avait cherché une princesse d'un âge bien tendre, d'un esprit bien simple, d'un caractère bien docile. Elle décida que Charle IX épouserait Elizabeth, fille de l'empereur. Médicis fit inviter aux noces royales les seigneurs protestans, ils s'en excusèrent; elle insista de la manière la plus affectueuse, ils refusèrent de l'air le plus respectueux. Ils vécurent donc jusqu'à la Saint-Barthélemie; et la dévote Médicis prit patience.

Le duc de Guise, riche, galant et puissant seigneur plaisait beaucoup à Marguerite sœur de Charle IX, et n'était pas ingrat. Médicis qui voulait marier sa fille au prince de Navarre, se plaignit au roi et au duc d'Anjou, que Guise, ce petit galant, aspirât à la sœur de son maître, et leur monta si bien la tête qu'ils résolurent de le tuer. Monsieur d'abord, puis un bâtard du feu roi Henri, gens délicats en diable sur l'honneur et les mœurs, faillirent l'assassiner de leur propre main ; mais Guise, ayant entrevu le mécontentement secret de Médicis, épousa bien vîte la veuve du prince Porcian ; et les princes du sang, tout à l'heure prêts à l'assassiner, dansèrent à ses noces ! Et pourquoi non ?

Le roi alla recevoir sa fiancée à Mézière ; une place de guerre devint un séjour de délices ; l'enchantement dura peu, il en couta quelqu'argent au peuple qui ne se mariait pas.

La princesse n'était pas femme à désespérer d'un crime, elle se flattait toujours que les chefs des protestans viendraient aux noces du roi ; elle en fut pour son espoir. Elle écrivit au pape et le conjura de ne pas trouver mauvais que le roi de France eût traité avec les protestans Français !.... Elle se plaignit d'avoir perdu une belle occasion, promit d'en saisir une autre et de prouver au monde comme elle aimait les hérétiques ! C'est peut-être la seule fois qu'elle ait tenu parole, aussi elle promettait un massacre. Le pape envoya le cardinal Alexandrin pour gouverner cette femme implacable, qui gouvernait le roi.

La feinte ne sert de rien aux mauvais princes :

ils pourraient tromper ce qu'ils appellent un parti; mais s'ils dissimulaient assez bien pour tromper ce qu'ils appellent les fidèles, ces fidèles leur tourneraient le dos comme ils ont fait toujours en France, sous la première, la seconde et la troisième race. Or, pour ne pas les tromper, il faut ou par des ouvertures expresses, ou par des demi-confidences, leur prouver que les discours publics ne sont que des *attrape-nigauds*. Les confidens ont eux-mêmes des amis, qu'il faut pareillement instruire et, d'étage en étage, le secret arrive à des gens qui le divulguent. Celui-ci veut recruter; celui-là veut se faire valoir; cet autre a la manie de prédire, un habile contradicteur lui fait tout expliquer; la vengeance s'exhale en menaces que le soupçon recueille et interprète; l'amitié conseille ceci, défend cela, sans pouvoir assigner de motif et sa physionomie, son accent, dénoncent qu'elle en sait un; ce mystère donne à penser. Neuton à qui l'on demandait comment, n'ayant pas assisté au conseil du créateur, il avait découvert le système du monde, répondit : c'est à force d'y songer. Les Neuton sont rares, il est vrai; mais la nature seule semblait impénétrable.

Pour éviter tous ces inconvéniens, les habiles partagent entre leur famille les rôles, que chacun joue de son mieux.

Le roi s'offrit comme l'arbitre de tous les partis, le père commun de tous les Français, le défenseur de l'édit de pacification, qu'il donnait pour l'arche d'alliance; et, afin de mieux endormir les protestans, à qui d'ailleurs il n'accordait que ses royales paroles, c'est-à-dire rien, ou si l'on veut, des mensonges et des parjures, on était convenu en famille qu'il s'exposerait au blâme, à la haine des honnêtes gens, dont son frère et la princesse seraient la consolation et l'espoir.

Médicis, fanatique et implacable, savait pourtant sourire à ceux qu'elle brulait de dévorer, mais c'était le sourire de mégère. Et ceux-là mêmes qui avaient *la bêtise* de se *laisser piper aux beaux semblans* du roi s'épouvantaient de ce sourire. Peut-être, supposaient-ils un peu de bonté au monarque seulement à cause des scènes fréquentes, où, disait-on il *rabrouait rudement la princesse.* On se persuadait qu'elle demandait du sang, ou des atteintes à l'édit de pacification, ou des grâces pour des ennemis de l'état, ou des priviléges pour l'église; on était sûr qu'elle demandait quelque chose d'injuste, on se persuadait que le roi refusait avec indignation, et ces scènes imaginaires, ou jouées à dessein, ou qui ne roulaient peut-être que sur le choix des époques, étaient autant de piéges, où se prirent même des esprits clairvoyans. Par là les protestans et les catholiques raisonnables étaient gagnés au roi caffard, qui ne les voulait séduire que pour les immoler; et les ennemis du bon sens et de la justice, regardant la princesse comme une sorte de martyr, redou-

blaient pour elle de tendresse et de dévoue-
ment.

Soit que cette diversité de rôles eut semblé
plus propre à satisfaire les diverses opinions,
soit impuissance de garder aucune mesure,
Monsieur, âme aride, esprit borné, et naturel-
lement aussi bigot que libertin, affichait le pur
catholicisme et la haine de toutes les réformes.
C'était à lui que les plus exclusifs royalistes
se plaignaient de la coupable tolérance du roi.
C'était lui qu'on déclarait l'espoir et le soutien
du trône et de l'autel; avec lui correspondaient,
à peu près secrètement, mais sans beaucoup de
gêne, tous les ennemis de l'édit de pacification,
bâse fragile de la tranquillité publique. Il les
écoutait, les encourageait, leur donnait des ins-
tructions, et fortifié des créatures de Médicis, il
formait un parti si considérable que c'était un
état dans l'état. Monsieur n'était guère moins âgé
que le roi, mais le roi malade et languissant ne
paraissait que l'usufruitier du trône; la noblesse
admirait Monsieur comme le type et l'honneur
des chevaliers Français, les courtisans adoraient
en lui l'héritier présomptif de la couronne.

Figurez-vous les conseils intimes des membres de cette famille toute perfide, se communi-
quant les révélations des catholiques et des protestans, se confiant leurs haînes et leurs espé-
rances; s'applaudissant du succès de leurs menées; en préparant de nouvelles ; se moquant
de la dévotion des deux partis, dont l'un est

trompé, l'autre méprisé, et se promettant de consolider le despotisme par le massacre des protestans et de certains catholiques, qui sans doute plaignaient le roi d'avoir une famille si odieuse, ne pouvant croire qu'elle fût digne de lui.

Cependant il était difficile de tromper long-temps ceux qui appellent des paroles aux actions. Car il fallait permettre aux ennemis de la tranquillité publique, de se tenir en haleine par quelques excès pour ne pas les décourager; et tout ce qui avait conservé quelqu'amour de la patrie se demandait pourquoi les parlemens et les magistrats, presque tous catholiques, refusaient d'obéir à l'édit de pacification que le roi leur avait fait jurer d'observer. « Le roi le veut, disait-on, et ils désobéissent au roi comme à la loi, et ils ne sont pas punis! Le roi ne veut-il pas ce qu'il dit vouloir, ou le roi de nom n'est-il pas le roi de fait? Si le roi ne veut pas ce qu'il dit vouloir, comment saurons-nous ce qu'il veut? Il nous a donc trompé pour nous désarmer! Quelle sécurité pouvons nous avoir avec un roi parjure? Un roi parjure violera toutes les lois; sans lois, point de gouvernement que la force, et si nous étions les plus forts?.... Le roi de nom n'est-il pas le roi de fait? Qui est donc le Roi de fait? Qui nous a soumis au roi de fait? Que lui devons-nous? On repousse les principes des protestans comme anarchiques; et l'on met l'anarchie dans la monarchie par l'in-

troduction de deux rois, dont l'un fait des traités que l'autre viole! Si les deux rois s'accor-
dent, ils nous trompent indignement; s'ils ne
sont pas d'accord, quel est le véritable? Les
principes de la monarchie disent que c'est celui
qui a eu le droit de publier l'édit de pacification;
le fait répond que c'est celui qui a plus de pouvoir pour le violer que l'autre n'en a pour le
défendre ».

« Quand ce roi de fait serait Monsieur lui
même, quand son impatience de régner ne lui
permettrait pas d'attendre la mort prochaine
de son frère, nous lui dirions : est-ce la force
qui vous fait roi? Vous êtes un usurpateur,
comme le serait, à la gloire près, un soldat de
fortune couronné par la victoire; vous justi-
fiez l'usurpation, prenez-y-garde! Est-ce le
consentement de votre frère? Vous êtes donc
d'accord pour nous opprimer, puisqu'il sait
qu'on nous opprime, et que n'étant pas opprimé
lui-même, il ne cherche pas à maintenir la justice et ses sermens. D'ailleurs vous avez tous
juré le maintien de l'édit, que vous violez aujourd'hui. Les sermens ne sont-ils rien ? Nous
allons rompre les nôtres et nous ne vous con-
naissons plus. Sont-ils des liens sacrés? Tenez-
donc les vôtres. Pensez-vous encore à vous en
excuser sur l'intention ou les circonstances?
Nous userons des mêmes excuses et nous trou-
verons plutôt un roi, que vous un peuple. »

« Ce langage révolte votre fierté, et, sans doute

est mal séant même à l'indignation parlant au parjure couronné; mais du moins on doit le pardonner à la terreur. Ce n'est pas assez de nous laisser ou peut-être nous faire refuser justice par vos tribunaux et vos magistrats, les égorgeurs, que nous refusons de croire les vôtres, mais qui se proclament les vôtres sans être démentis, les égorgeurs reparaissent avec leurs coutelas et leur hydeuses figures. Ils nous menacent du geste et de la voix; nous crions sous leurs poignards! Que ceux qui trouvent que nous crions trop fort viennent à notre secours, ou nous rendent les armes qu'on nous a prises. On dit que nous faisons semblant d'avoir peur pour avoir le plaisir de crier! Ceux qui ont égorgé nos frères ne peuvent-ils nous égorger nous-mêmes? Ne peuvent-ils espérer pour les crimes à venir l'impunité dont-ils jouissent pour les crimes passés? Ont-ils eu seulement besoin d'une amnistie; et ne sont-ils pas là tout prêts? Ne nous menacent-ils pas? N'ont-ils pas des armes? Ne nous a-t-on pas fait déposer les nôtre? Et ne déclarent-ils pas qu'ils feront fin de notre race, dès que nous aurons perdu nos garanties? Ces garanties, chaque jour en amène la perte : nous devons rendre avant deux ans nos places de sûreté; les égorgeurs n'attendent que cela; ils le déclarent eux-mêmes. D'ailleurs par cela seul qu'un citoyen a été publiquement assassiné sans que le magistrat, instruit du crime, en ait poursuivi la vengeance, tous les citoyens ne doivent-ils pas se croire en péril. On vous parle de paix et on vous montre le tombeau ! ce n'est pas là la paix que nous voulons. Nous voulons celle de l'édit; c'est celle-là qu'on nous doit et c'est celle-là qu'on nous refuse. »

Enfin, les choses en était venues à tel point, et les amis de l'ordre commençaient à concevoir de si terribles soupçons, que la princesse elle-même conseilla au roi de bien étudier l'édit si généralement invoqué et d'en parler à tout propos, comme d'une chose qui faisait toute sa sollicitude. Les Guises s'éloignent de la cour ; ils y reviendront pour le massacre. On cajole les Montmorency; on retient les zélés qui s'importaient avant le temps : et peu à peu les Huguenots se laissent endormir.

Le 23 décembre 1570, les ambassadeurs de plusieurs princes protestans de l'Allemagne haranguent le roi et lui remontrent que jamais et nulle part on n'avait violenté les consciences ; que, même en Turquie, on souffrait des moines chrétiens, et l'engagent à ne plus laisser maltraiter les protestans. Le roi répond de la manière la plus précise et la plus satisfaisante : il méditait la Saint-Barthélemy.

La guerre de Flandres justifiée par l'empoisonnement, vrai ou faux de la sœur du roi, avait, plus qu'en tout autre motif, amené les Huguenots à traiter avec la cour, quoique l'amiral craignît qu'on ne les y engageât pour les abandonner au fer ennemi. Dans le fait, la princesse donnait avis de tout au duc d'Albe.

La trahison que redoutait Coligny n'aurait pas suffi à Médicis : elle voulait abattre d'un coup le parti entier. Les chefs ne seraient pas allés tous à cette guerre de Flandres ; il valait mieux les attirer à la cour. Le mariage du prince de Navarre les y pouvait amener en masse, avec la reine sa mère, qui, sans un si beau stratagème, se garderait bien de livrer sa personne et son fils à Médicis. Ce mariage était d'autant plus intéressant que déjà l'on craignait que le prince de Navarre n'épousât une princesse d'Angleterre, et ne devînt trop redoutable. On répandit le bruit qre le roi, épris de sa jeune épouse, ne songeait plus qu'à la volupté et que la reine allait ruiner le crédit de la reine-mère. D'un autre côté, par la distribution des rôles de la royale tragédie, Monsieur était le vrai roi de la partie du peuple qu'on ne voulait pas immoler ou réduire à l'esclavage ; il commandait aux forces militaires. Deux victoires qu'il eût le mérite de voir gagner sur les protestans par les généraux sous ses ordres, le rendait l'idole des catholiques dont la noblesse lui composait toujours un cortége ; le clergé, qui demande sans cesse lui donnait à lui 200,000 fr. de pension. Le roi devait sentir que pour tromper l'opinion, il risquait de se donner un maître ; car il n'aurait jamais osé recourir aux protestans en cas de besoin ; ne s'arrêtant sans doute qu'à son indignité, et ne songeant pas que la clémence française est quelquefois infinie, comme l'éprouva bientôt après ce misérable Monsieur, devenu Henry III, qui fut trahi par les fidèles, et reçu dans les rangs des ennemis de l'autel et du trône.

Le roi craignit son frère, ou feignit si bien de le craindre, que les bons protestans le crurent réduit à embrasser leur secte au moins par intérêt. Charles IX, vit leur espoir, s'en servit et s'en moqua. Le maréchal de Cossé allié aux Montmorency, parconséquent non suspect à l'amiral, reçut du roi l'ordre d'aller à la Rochelle, où était toujours la reine de Navarre, son fils, l'amiral, etc., pour s'entendre avec eux au sujet de la guerre de Flandre, et arranger les différends survenus au sujet de l'interprétation de l'édit, qu'à tout événement on avait eu la prévoyance de laisser ambigu en plusieurs articles : car, s'il eût été clair partout, il serait devenu honteux, même pour la cour, de le violer.

Il semblerait que la partie qui a dressé l'acte devrait laisser à l'autre tout le profit des ambiguités. C'est ainsi qu'en use dans les capitulations, l'assiégeant qui fait la loi en sa qualité de plus fort, envers l'assiégé obligé de la recevoir pour ne pas être passé au fil de l'épée. Charles IX ne pouvait-il traiter son peuple comme on traite une garnison prisonnière ?

Si ce prince consent à revenir sur les interprétations du fameux édit, c'est que par cette condescendance il affine ses victimes. Le chicaneur pour le roi était un sieur de la Proutière. Il montra quelques difficultés, que personne ne voyait, et d'autres que le maréchal, en homme avisé, résolut de laisser subsister de peur qu'on ne les remplaçât par de plus grandes. M. de la Proutière n'avait aucun grief à faire valoir de la part du roi. La royauté absolue et ses partisans n'avaient souffert aucun dommage; ils n'avaient aucune espèce de plainte à faire sur le passé, nul prétexte de crainte pour l'avenir. Mais ils voulaient améliorer l'édit! Voilà ce qu'ils annonçaient. Il voulaient le modifier à leur avantage, pour l'anéantir ensuite; voilà ce que disait l'expérience d'hier et l'expérience des siècles. Les protestans avouaient les imperfections de l'édit, mais, le regardant comme leur sauve-garde, ils ne voulaient pas confier le soin de l'améliorer à ceux qui l'avaient toujours violé. Le maréchal se plaignit de ce que, malgré la teneur de cet acte, on retenait une ville à la reine de Navarre et les biens au prince de Condé, et demanda si l'on croyait que les petits obtinssent justice mieux que les grands. Il détailla ses plaintes; on promit de les soumettre au roi. Il ajouta :

« Le roi est tout ainsi qu'un maître de navire
« qui a son but et dessein de faire une route,
« et ceux de son équipage en veulent faire une
« autre tout au contraire. Et il n'y a point de

« doute que ceux qui mènent le vaisseau le
« conduisent où ils voudront contre la volon-
« té du maître. Et c'est ce qu'on a tout iuste
« lieu de craindre, quand l'on void que ceux
« qui ont cideuant forcé la volonté du maistre
« de ce vaisseau ont toute pareille puissance
« et autorité qu'auparavant. Qu'ils n'ayent aussi
« mauvaise volonté qu'ils eurent iamais envers
« nous, elle est assez témoignée par les effects
« contraires à ce qui a esté promis.... Et ne
« peut-on pas penser sur quoy on pourrait fon-
« der vne occasion de défiance des dits de la re-
« ligion.... Ils se sont submis à payer plus qu'ils
« n'ont vaillant.... On a vu que lorsqu'il a pleu
« au roi leur ottroyer l'exercice de leur reli-
« gion, il n'y a eu condition si dure qu'ils n'ayent
« volontiers acceptée, pour lever les impos-
« tures., dont ils estoyent outrageusement
« taxés, ayant trop mieux aimé payer les folies
« de ceux qui ont été cause de ces maux, et qui
« de gayeté de cœur ont fait tout ce qu'ils ont
« voulu que de contester. »

Il se plaignit de la conjuration de Bayonne,
de l'appel des Suisses levés pour exécuter ce
complot, et qui vinrent jusqu'au cœur de la
France, à Chateau-Thyerry;

De la paix rompue à Lonjumeau par les catholiques, qui se saisirent des deux ponts;

De la mission donnée au cardinal de Lorraine, de surprendre le prince de Condé et
l'amiral; de l'emprisonnement de l'envoyé qui

portait à la cour les plaintes du prince; de l'ordre donné aux baillifs, aux sénéchaux de *lui courir sus;* de la bulle du pape pour l'aliénation de 5o,ooo liv. de biens ecclésiastiques, dont la teneur et la date prouvent que pendant la paix on apprêtait la guerre; de l'édit de 1568, qui révoquait les précédens et ne permettait plus de se confier à la parole du roi. « Or, ajoutait-il, ceux
« qui ont émeu et entretenu les troubles, sont
« ceux mêmes qui ont aujourd'hui toute l'au-
« torité publique entre leurs mains, tant des
« armes que justice et finances, ont aussi intel-
« ligence avec les ambassadeurs étrangers qu'ils
« entretiennent ès lignes et associations qu'ils
« ont faite pour la ruine et extermination de la
« religion ;

« Que l'on envoie par toutes les prouinces de
« ce royaume pour sauoir quels moyens et vo-
« lonté l'on a d'exterminer ceux de la religion
« et quand il sera tems; chose que l'on sait de
« ceux mesme qui sont employés à telles charges
« et qui s'en vantent ;

« Que l'on a envoyé en Italie, en Espagne et
« autres lieux pour savoir ce que chacun vou-
« dra contribuer pour cet effect;

« Qu'il s'est fait une assemblée ès quartiers
« de la Guyenne, composée de douze ou treize,
« où entre autres assistait le sieur de la Vallette,
« où il a été aduisé qu'il n'était pas bon de rien
« commencer encore.... Mais que cela ne pou-
« uait plus guères durer. »

Et en effet avant la fin de ces conférences commença le massacre d'Orange.

En exécution de l'article 30 de l'édit, le roi ordonna au maréchal de Danville, gouverneur du Languedoc, d'aller *rétablir le comte Ludovic dans sa principauté d'Orange*. Ce maréchal envoya d'abord un sieur de Saint-Géran prendre le commandement du château et faire rentrer dans la ville les huguenots, que les catholiques réduisaient à coucher dans les champs. Le 15 décembre 1570, il vient lui-même réintégrer tous les officiers du prince; et pourtant refuse de remettre au capitaine Crest (envoyé exprès par Ludovic) le château que l'édit n'avait point excepté. Il y met le capitaine Mont-Méjan pour le garder au nom du prince. Les protestans, voulant assurer la tranquillité de la ville, proposent aux catholiques de s'engager à se protéger réciproquement; refus des catholiques. — Ils demandent à composer avec les catholiques à un nombre égal la garde des consuls de la ville; refus des catholiques. — Ils apprennent et dénoncent aux magistrats un massacre apprêté par les catholiques; les magistrats défendent de sortir la nuit avec des armes ou sans lumière et de chanter aucune satyre. Les protestans obéissent respectueusement, les catholiques font en armes et en grand nombre des promenades nocturnes et brisent les fenêtres des protestans; mais ils ne peuvent amener aucune querelle. Furieux, ils recrutent des égorgeurs dans le Comtat et les environs; les font cacher près de la ville et profitant du tumulte d'une fête de trois jours, se saisissent des portes, introduisent leurs affreux auxiliaires, soulèvent la populace; et à minuit se présentent chez le sieur Prunier trésorier du roi dans le Dauphiné. Ils demandent qu'on leur livre un receveur général et un avocat du prince avec leurs six ou sept domestiques, toutes personnes à qui le sieur Prunier avait donné asile. Un nommé Motel l'un des chefs de la bande avait porté la parole; le refus l'irrite, il allume des fagots contre la porte pour la bruler; les pierres et les arquebuzades criblent toute la maison. Notez que quelques heures auparavant les magistrats avaient assuré les huguenots qu'ils pouvaient être tranquilles, et les malheureux s'étaient endormis.

Les nommés Bataillat, Morichon et Ville-Neuve avaient amené les brigands d'Avignon; les domiciles furent violés. Un jeune homme de seize ans fut assassiné devant sa mère, qu'on retint pour qu'elle vit égorger son fils; les époux, les vieillards, les jeunes gens furent poignardés dans leurs lits, quelques uns enfumés, d'autres étranglés, des blessés jetés par les fenêtres; le butin encore sanglant se vendit publiquement à l'enchère; des prisonniers furent rençonnés et conduits à la messe, sans doute pour demander à Dieu ce qu'ils faisait de la foudre. Les égorgeurs Avignonais de 1571 donnèrent aux chiens les cadavres des victimes.

Le désordre dura toute la nuit ; le matin les consuls sur la demande des officiers du prince, encore assiégés dans la maison du généreux Prunier, prient le capitaine Mont-Méjan, toujours commandant du château, de faire cesser cette boucherie ; le capitaine répond que toute sa mission est de garder le château, et ne bouge point! Les consuls parlementent avec les chefs des brigands. Ceux-ci exigent que tous les protestans soient désarmés, vuident la ville en deux jours et paient le voyage et la peine des bandits venus du comtat pour les massacrer. Il fallut y consentir! Ces hydeux Sylla publièrent leurs proscriptions. Plusieurs infortunés crurent en être quittes pour l'exil et une rançon ; ils furent égorgés! Les consuls qui auraient dû mourir plutôt que de se prêter à l'infâme stratagême, publièrent ensuite par ordre des bourreaux que chacun eût à mettre dehors les religionnaires qu'il aurait retirés. Les malheureux, renvoyés de toutes les maisons, tombent aux mains des sicaires et ceux qui échappent au coutelas sont repoussés des lieux voisins, notamment de Montélimard.

Ces épouvantables scènes duraient depuis le 2 février, lorsque les brigands imaginèrent (le 17) de se faire donner des certificats, qui, dénaturant tous les faits, pouvaient, selon eux, les mettre à l'abri des poursuites judicaires ; non de la part du roi de France, trop bon catholique pour punir d'honnêtes scélérats qui vont

à confesse et ne tuent guères que des protestans (j'en atteste la Saint-Berthélemy, j'en atteste
la fenêtre du Louvre, encore marquée des clous,
qui soutinrent l'écriteau accusateur;) mais de la
part du comte Ludovic. Il serait curieux de
connaître la rédaction de ces sortes de procès
verbaux.

J'ai dit que le roi de France n'aurait pas puni
les massacreurs d'Orange, peut-être les avait-il
mis à l'œuvre; mais eussent-ils agi contre son
gré, en les punissant ils s'aliénaient ceux qu'il
voulait avoir pour amis. Remarquez que la garnison du château que le maréchal Danville retenait.... Pourquoi le retenait-il? Remarquez,
dis-je, que cette garnison ne fit rien pour remettre
l'ordre dans la ville. Ainsi, le blâme retombe sur
le gouverneur et sur le roi qui ne le punit point.
Là, où je vois des massacres et un chef civile ou
militaire survivant aux victimes, j'ai le droit de
lui demander ce qu'il a fait pour être tué, s'il
veut que je le croie innocent. Probablement
Charles IX fut très-satisfait de M. le capitaine
Montméjan, qui lui donnait un avant-goût de
la grande journée, un essai des grands moyens,
une collation en attendant le repas.

Les protestans de Courteson petite ville du
comtat furent obligés de prendre la fuite. A Bai-
gnols, Nîsme, Montélimar et Montpellier les
chauds catholiques menaçaient de suivre l'exemple de ceux d'Orange; mais le maréchal Danville
n'avait pas là un capitaine Montméjan; les au-

torités se montrèrent fermes, il fut permis aux protestans de se tenir sur leurs gardes et l'affaire manqua. Il est très-probable que la cour avait commandé cette effervescence, mais qu'elle la contremanda; le moment n'étant pas favo. able.

Cependant les exilés d'Orange se plaignent au comte Ludovic resté à la Rochelle avec son frère le prince d'Orange, la reine de Navarre, etc. Le maréchal de Cossé venait de partir. Cette nouvelle indigne et alarme les chefs des protestans; des plaintes sont adressées au roi, on le supplie de maintenir l'intégrité de l'édit; il prodigue les promesses et rend Orange au comte Ludovic. Il n'avait plus rien à y faire.

Il fallait regarder les hommes comme de véritables imbécilles, c'est-à-dire, être bien impudent et bien sot, pour dire d'un air dégagé, que le maintien de l'ordre exigeait qu'on fermât les yeux sur des assassinats. Et qu'est-ce donc que l'ordre en un pays où l'assassinat reste impuni ! Nul homme de bon sens n'oserait le deviner. Quoiqu'il en soit, Charle IX parut se rendre à ce beau motif et ne punit point, comme le demandait le comte Ludovic, les brigands venus des possessions de France pour aider les sicaires d'Orange. Ludovic qui n'avait pas les mêmes idées d'ordre punit les assassins qu'il put attraper.

D'autres pensées occupaient la famille royale, Birague créature de la princesse (je veux dire Médicis, car la reine est un personnage insi-

gnifiant) avait proposé au roi un expédient commode pour se débarrasser de ses ennemis. Il
fallait faire une petite guerre ; l'amiral et les
protestans attaqueraient un fort construit exprès,
les assiégés seraient bien choisis, auraient des
armes chargées à balles, et, au milieu de la fête
foudroieraient leurs adversaires. Le roi goûta fort
un si bon tour ! Il le communiqua sous serment
à son frère, qui en fit part à son mignon Ligne-
rolle, et le secret n'alla pas plus loin. — La princesse, le roi et Monsieur en conférèrent ensemble. On convint que, sur-tout à présent, le roi
devait flatter les protestans, et Monsieur les ennemis des réformes ; que le roi et Monsieur de-
vaient paraître bien jaloux l'un de l'autre et
feindre de ne pouvoir plus dissimuler leur mé-
sintelligence. La princesse se chargeait de recruter les satellites. Elle s'ouvre à Gonzagues,
duc de Nevers, ennemi juré de l'amiral, et lui
permet d'en parler au cardinal de Lorraine.
Mais on ne veut rien dire au bouillant duc de
Guise, avant le moment de l'exécution.

J'appelle tyran quiconque veut s'attribuer le
droit de gouverner par ses caprices. C'était le cas
de Charle IX ; son discours au parlement (12
mars 1571) contient la phrase suivante : « Et
« pensez que je vous ai mis en ces lieux pour
« observer mes lois, non pour leur commander,
« ny les mépriser. Sur la vérification des édits
« je les (vos remontrances) orray tousiours
« volontiers, mais aussi ie veux que vous ayant

« après déclaré mon intention, vous y obéissiez
« sans entrer en dispute avec moi qui suis votre
« roy et maistre, qui cognois mieux que vous
« que se doit et peut pour le bien et nécessité
« de mon état, des affaires duquel, ie ne veux
« souffrir qu'entrepreniez cognoissance, la-
« quelle je réserve à moi seul. »

On croyait alors qu'un roi était un maître
parce qu'on ne se savait pas citoyen. Remarquez
à quelle occasion ce roi se renferme dans sa sa-
gesse et cherche à s'attribuer à lui seul la puissance législative, comme il avait déjà la puissance exécutive. *Il cognoit mieux que personne
que se doit!* Demandez à l'histoire ce qui se devait selon lui : un massacre général! Et c'est
celui-là qui veut bien des remontrances, mais ne
veut ni contradiction, ni contrepoids à son autorité! Et si ce législateur, permanent et suprême,
avait ordonné par une loi le massacre qu'il a jugé
*que se devait et pouvait faire pour le bien et né-
cessité de son état?* Qu'en dirait les amateurs de
la France des rois, celle que nos pères ont vue,
sur-tout s'ils étaient eux-même désignés pour
être immolés? Selon leur principe Charles IX
en avait le droit; l'histoire prouve que pour en
être capable, il ne lui manquait que l'effronterie
de Caligula dont il avait toute la perversité; et
puis allez donc abandonner à un homme, armé
déjà de tout le pouvoir exécutif, tout le pouvoir
législatif! Où seront alors vos garanties? Dans
la religion? Charle IX était bigot et le pape a

fêté la Saint - Barthelémy. Dans les mœurs ? Charle IX était littérateur et patelin. Dans les sermens ? Charle IX les avait prodigués. Dans votre perspicacité ? Le prudent amiral, la fine reine de Navarre se sont laissé séduire. Dans l'opinion ? Charle IX l'avait endormie, et brava impunément son réveil. Dans votre éloignement pour les principes menacés ? Mais combien de catholiques, victimes de haines particulières, se sont vus enveloppés avec les calvinistes dans le massacres de la Saint-Barthelémy. Non, par cela seul qu'un homme a la prétention de tout pouvoir en droit et en fait, soyez sûr qu'il en est indigne. L'esprit assez dépravé pour désirer la tyrannie, dénonce un cœur capable d'en abuser. C'est ce que l'histoire prouverait facilement.

Au reste, je conçois que Charle IX ait voulu réserver à lui seul la *cognoissance* des préparatifs de la Saint-Barthelémy ; mais à qui n'a pas de pareils motifs, un pareil secret, une monarchie absolue est inutile. Vous ne souffrez pas qu'on vous éclaire ; êtes-vous donc infaillible ? Quand on vous éclaire en matière d'intérêts politiques vous prétendez décider seul ; mais vous êtes donc infaillible ou si pervers que vous voulez pouvoir ce que personne n'approuverait ! Vous vous préférez donc à la nation ? Louis XIV qui grimpait sur les trophés de ses généraux pour crier : je suis grand ! Ce pigmée, hébêté d'orgueil, qui se vantait de participer de la divinité, a dit le premier : *l'état c'est moi*. Mais il n'a que le mérite d'une rédaction plus concise et plus claire; cette maxime dirigea presque tous ses prédécesseurs. C'était déjà une tradition royale du temps de Charle IX.

Les bruyantes réclamations de ce prince étaient liées au système de déception arrêté dans les comités secrets de la cour : les parlemens avaient refusé justice aux huguenots ; si les parlemens avaient le droit de désobéir aux édits, les huguenots étaient réduits à se faire justice eux-mêmes. Mais le roi se portant suprême législateur et commandant en maître l'acceptation et l'exécution des édits et le maintien de la justice leur sembla un défenseur dévoué. Ils s'endormirent sur la foi du roi : il leur en coûta la vie. Pour être sage, il faut quelquefois concevoir d'horribles soupçons ; il faut supposer possible la plus profonde hypocrisie, la plus noire méchanceté, les plus hardis attentats; si non, le crime aurait un moyen sûr de ne jamais être découvert avant le succès : il lui suffirait de se tenir hors des bornes de la perversité commune. C'est ce que fit Charles IX. Il ne lui fallait pas moins de dissimulation et d'adresse, pour empêcher que le zèle indiscrets de ses sicaires ne réduisît les protestans à courir aux armes.

Il avait accordé aux religionnaires de Rouen, des prêches plus rapprochées des portes de la ville que ne le permettait l'édit de pacification, et ces prêches étaient assiduement suivies. Un jour les catholiques, (c'est-à-dire, la

faction) s'arment, attendent et massacrent qua-
rante protestans au sortir du temple, ceux
qui échappent au coutelas s'enfuient épou-
vantés; les magistrats rassemblent des citoyens
amis de l'ordre, mettent en prison quelques
uns des égorgeurs, sont bientôt obligés de les
relâcher, et menacés eux-mêmes, n'osent plus
sortir de leur maison.

A Dieppe, les protestans n'évitèrent un pareil
sort qu'en se préparant à repousser la force
par la force, dans le cas où les magistrats ne
pourraient, ou ne voudraient pas les protéger.
Ils en furent quittes pour des menaces.

Cependant malgré la misère publique, la
cour multipliait ses dépenses, et par tant les
impôts si follement, qu'enfin le peuple n'y
pouvant plus suffire, on chercha des ressources
dans le clergé, qui, comme on sait, ne donne
qu'à bon escient. Voici comme on obtint de
lui, ce que l'on voulait.

Pour subvenir aux frais de la dernière guerre,
les huguenots, ayant épuisé toutes leurs ressources, avaient imaginé de vendre les biens du clergé
dans les pays où ils étaient maîtres : ils se crurent en droit de confisquer, en tems de guerre,
les biens de leurs ennemis implacables, qui
d'ailleurs les avaient acquis par de coupables
manœuvres.

Il n'entre pas dans mon sujet d'examiner la
justice ou l'injustice de ces confiscations. Les
biens ainsi vendus, ressemblaient assez à ce

que nous appellons les biens nationaux ; mais ces ventes étaient moins respectables, parce qu'elles ne furent ordonnées qu'au nom des protestans et des catholiques de leur parti ; c'est-à-dire, seulement par une fraction de la nation. Le clergé n'avait jamais désespéré de recouvrer ses domaines ; le pape entendait qu'ils fussent rendus ; la princesse dévote à l'excès, le roi scrupuleux catholique, Monsieur bigot jusqu'à l'extravagance, ne voulaient rien refuser au pape et au clergé.

Quoique l'édit de pacification fût un véritable traité de paix, sans lequel le roi n'aurait pu soumettre les protestans, il ne fut point délibéré et librement consenti par les religionnaires. Ils avaient indiqué des bases, puis le roi avait octroyé son édit selon son bon plaisir. Il ne restait aux huguenots qu'à l'accepter ou à continuer la guerre civile. Ils y trouvèrent quelques garanties précieuses, ils se contentèrent de ce qu'on leur octroyait et se soumirent de bonne foi, se disant : tel qu'il est, cet édit nous suffira s'il est loyalement exécuté, et si on ne veut pas l'exécuter les amendement sont inutiles.

Les biens vendus du clergé n'intéressant pas une très-grande masse d'individus, le roi crut devoir en ordonner la restitution par l'article 3 de l'édit. Le clergé assura ensuite que cette restitution souffrant des retards, exigeait un édit exprès. Le roi pensa qu'il ne s'agissait, pour ainsi dire, que de recopier quelques dispositions ;

mais quand on eût pris la plume, de nouvelles prétentions se développèrent; les ecclésiastiques offrirent des subsides à certaines conditions et le 17 avril 1571, un nouvel édit, en dix-huit articles, vint étonner la France par l'excès des faveurs, dont il comblait le clergé; Charle IX se réservait pourtant la nomination aux évêchés, archevêchés et bénifices, sous l'approbation du pape.

En un mot, il rétablissait le concordat de François Ier. Tous les Français, dont le coeur palpitaient au nom de patrie et de liberté, s'indignaient.... On se disait : puisqu'en matières religieuses, le roi fait tant que de remonter dans le passé pour y chercher des exemples, comment s'arrête-t-il au libertin François Ier qui est mort de la peste, (celle que donne les cachemires, selon le président de la chanson) au lieu de remonter jusqu'à l'austère Saint-Louis, martyr des croisades? Pourquoi le roi, toujours *besongneux* d'argent, rend-il l'état tributaire de Rome, en ce temps de misère où toutes nos ressources suffisent à peine à payer les charges de l'état et les dettes contractées envers l'étranger? Pourquoi préférer le concordat de l'infâme Duprat qui nous met dans les fers de Rome, à la pragmatique du Saint-roi, qui nous en délivre. François Ier. Est-il donc un meilleur dévot ou un roi plus sage que Saint-Louis? Quelques huguenots allaient plus loin et disaient : nous avons eu la simplicité de croire que le roi se voulait attribuer le pouvoir absolu pour que rien ne l'empêchât plus désormais d'être juste et fidèle à sa parole; mais voyons-nous que, depuis, on ait poursuivi les égorgeurs ? Non. Il y avait donc un autre motif; et ce motif est la présentation de l'ordonnance qui rétablit le concordat de François Ier. Ce concordat révolterait même les catholiques à qui il reste un peu de Vergogne; il ne pourrait soutenir aucune discussion, il ne peut s'établir que par le *bon plaisir*; voilà pourquoi on travaille tant à dominer les parlemens, à les rendre muets et dociles ! Voilà pourquoi on veut se défaire de la gêne d'une opposition courageuse. Il est donc bien vrai que le seul amour du pouvoir absolu prouve l'envie certaine d'en abuser ! La religion dominante va tuer les autres cultes; le clergé va régner en maître : c'en est fait de l'édit, c'en est fait de la liberté des cultes et de la paix publique.

Ainsi parlaient quelques personnes prévoyantes; on leur reprocha de s'abandonner à une défiance outrageuse, quoique des massacres encore récens, quoique des menaces journalières autorisassent leurs craintes, justifiées depuis par les évènemens.

Cependant à la sollicitation des hugnenots de Rouen, l'amiral et la princesse envoyèrent demander au roi justice du massacre commis en cette ville. Le roi feignit de ne pouvoir imaginer que la chose eut été aussi sérieuse; il envoya des commissaires extraordinaires, qui ne firen

que redoubler l'audace des égorgeurs. La cour
était en voyage, les députés des princes la sui-
vaient et s'étonnaient que le roi ne parût plus
songer à une affaire si grave. Enfin l'un d'eux,
le vieux capitaine Briquemaut lui dit que cet
exemple pourrait enhardir les assassins à recommencer les massacres, et par là contraindre
les protestans à reprendre les armes pour faire
une guerre à mort. Car enfin, quand la paix
n'assure que la mort, il faut, dit-il, recourir à
la guerre qui du moins promet aussi la victoire.
Le roi, interdit un moment, jura que justice
serait faite.

Il fallait au moins feindre de vouloir punir
les coupables. Quelques membres du parlement de Paris furent envoyés à Rouen pour
informer l'affaire ; le maréchal duc de Montmorency y conduisit des troupes pour assurer
l'exécution des arrêts. On n'osa pas absoudre
des gens qui s'étaient eux-mêmes publiquement
vantés de leurs crimes, mais on les fit avertir.
Trois cents se sauvèrent, et ne furent pendus
qu'en effigie. Quelques misérables le furent en
personne ; il le fallait pour bien *jouer son rolet!*
Le reste des prévenus sortit de prison après
le départ du maréchal. Cette mission d'un si
grand personnage, donnée avec tant d'éclat,
après de si épouvantables scènes, promettait
beaucoup et n'aboutit à rien : la cour proté-
geait les coupables. Néanmoins le roi fit bien
valoir cette apparence de justice, déplora le

excès passés, jura d'en empêcher le retour, et même exhorta les protestans à lui présenter toutes leurs doléances ; puis il congédia les députés, qui retournèrent à la Rochelle d'autant mieux persuadés de sa bonne foi qu'il leur avait déclaré vouloir marier sa sœur à Henri de Navarre, afin de mieux assurer la paix du royaume. L'amiral presque seul s'obstinait dans ses défiances. Mais les rapports des députés, les messages réitérés, les pressantes instances de la cour, le soin qu'on prit d'écarter les Guises en appellant les Montmorency, et d'envoyer par toutes les provinces informer contre les personnes coupables de quelques crimes envers les huguenots, levèrent enfin tous ses doutes.

L'amiral consent à se présenter à la cour accompagné de cinquante gentilshommes bien armés ; il est accablé de caresses, comblé d'honneurs et de présens, on le consulte sur la guerre projetée contre la Flandre et sur presque toutes les affaires ; il obtient tout ce qu'il veut pour les huguenots, qui n'avaient pu rien obtenir jusque là. On convient avec lui du mariage du roi de Navarre ; le roi se charge de lever les empêchemens causés par la différence des religions. Une ambassade invite la reine de Navarre à amener son fils, l'amiral trompé lui même joint ses sollicitations à celle de la cour. Enfin cette princesse arrive à Blois en mars 1572 ; la famille royale lui prodigue mille caresses. Dès qu'elle s'éloigne, le roi demande à sa mère s'il *ne joue pas bien son rolet!* Le contrat de mariage entre Henri, depuis Henri IV, et Marguerite de France est passé le 11 avril et bientôt la reine de Navarre, étant allée à Paris pour des emplettes de noces, meurt empoisonnée.

Cependant comme la catastrophe approchait, des notes secrètes inondent l'Europe. Les protestans du Nord repoussent toute négociations avec le comité secret de la cour. Le duc d'Albe est averti que la guerre de Flandre n'est qu'un piège tendu aux huguenots, et qu'on lui abandonnera ceux qui s'y engageront. Néanmoins, pour mieux séduire les protestans, l'ambassadeur d'Espagne se plaint de l'attitude hostile que cache mal la France; le roi fait semblant de ne rien comprendre à cette plainte, et dit ensuite à l'amiral que, s'il en agit ainsi, c'est afin de surprendre les Espagnols. La reine de Navarre vivait encore, les huguenots pleinement satisfaits rendent de leur propre mouvement et avant le terme convenu les places de sureté. Cette confiance déplacée assura la vengeance de Charles IX. Le cardinal de Lorraine était allé à Rome; le cardinal Pelvé lui avait écrit que tout irait à merveille et qu'on lui donnerait avis du succès. Que le monstre prépare ses tablettes, la Saint Berthélemy n'est plus loin.

Le maréchal duc de Montmorency s'était aliéné la cour par la chaleur qu'il avait montré contre les égorgeurs de Rouen; on l'envoya en ambassade en Angleterre. Mais un accident le ramena trop vite au gré des meneurs. On avait seulement voulu l'écarter, on résolut de le mettre au nombre des victimes. La cour quitte, ou interrompt le deuil de la reine de Navarre, et procède aux fiançailles, puis au mariage de Henri. Les fêtes commencent et se prolongent dans la capitale, les protestans y accourent en foule; on les berce de la guerre de Flandre; on y laisse aller les plus ardens qu'on abandonne, et on commande dans toutes les provinces le dénombrement des huguenots. Quelques excès se renouvellent contr'eux, notamment à Troyes; l'amiral reçoit leurs plaintes, et n'en croit ni la mort de la reine de Navarre, ni les exemples du passé, ni les avis qui lui arrivent de toutes parts. En sortant du Louvre un domestique des Guises lui traverse le bras et lui casse deux doigts d'un coup d'arquebuse. On le porte chez lui; le roi et sa mère qui tous deux avaient autorisé le crime viennent le voir, le plaignent beaucoup, lui donnent une garde, lui promettent vengeance, et la nuit suivante, réunis en conseil secret avec le duc d'Anjou et quelques affidés, ils commandent la Saint Barthélemy.

On connaît cet épouvantable événement; on sait que les ordres du roi commandèrent les mêmes horreurs dans toute la France; que le pape ordonna des processions pour remercier a ciel de tant d'assassinats ; que peu de chefs civils et militaires surent imiter ce prélat vertueux, qui ouvrit l'église aux huguenots poursuivis par les poignards, et ce généreux gouverneur, qui dans toute sa garnison présuma ne pouvoir pas trouver un bourreau.

On sait que l'imprudent Henri III, d'abord le héros de la ligue, s'en crut le directeur et en devint la victime.

Voilà cette France des rois que l'on redemande à grands cris. Je me hâte d'éclaircir ma pensée. Loin de moi l'idée que des Français redemandent le règne de Charles IX ! Loin de moi l'idée humiliante que des Français ont soif du sang Français, et que la nature puisse reproduire des monstres comme ceux de la cour de Charles IX. Mais en redemandant la France des rois, on redemande le pouvoir absolu. Or, avec le pouvoir absolu, il suffit d'un roi pervers pour amener les plus effroyables catastrophes. Et que vous servira de les prévoir ? Vous ne pourrez tout au plus que faire des remontrances. « Il les orra tousiours volontiers ; « Mais aussi il voudra que vous ayant après « déclaré son intention, vous y obéissiez sans « entrer en dispute avec lui qui est votre roi « et maistre, qui cognoist mieux que vous ce « que se doit et peut faire pour le bien et « nécessité de son état, des affaires duquel il « ne veut souffrir qu'entrepreniez cognois- « sance, laquelle il réserve à lui seul.

S'il procède à une Saint Barthélemy, il se sera débarrassé d'une partie des faiseurs de remontrances ; il fera trembler le reste en persuadant à la foule crédule que les innocentes victimes étaient des conspirateurs effrontés, qui le venaient braver jusque dans son palais. C'est ainsi qu'en usa charles IX envers l'amiral. Le matin, il lui était allé faire visite dans son lit, l'avait nommé son père et lui avait promis *justice* ; le lendemain il le fait mutiler et pendre au gibet de Montfaucon ! Il trouve des écrivains pour publier la conjuration imaginaire, des imbécilles pour la croire, des satellites pour achever le massacre, des prêtres pour le sanctifier, des fanatiques pour y applaudir ! Heureusement la France n'a eu qu'un Charles IX ! Le régime constitutionnel lui permet d'espérer que désormais elle n'en peut plus avoir ; nul ministre responsable n'oserait signer les ordres assassins. Mais ne redemandez donc plus la France des rois, si vous voulez conserver la responsabilité ministérielle, première sauve-garde de la nation.

CHAPITRE IV.

Je me suis arrêté sur la Saint-Barthelemy, parceque c'est le comble des horreurs, où puisse mener la monarchie absolue, et que, pour répousser un régime, il faut bien montrer sa plus hideuse face. On m'objectera que c'est un phénomène, je l'accorde; mais Néron, Domitien, Caligula, Heliogabale étaient aussi des phénomènes, et pourtant se sont suivis d'assez près. Nos mœurs, nos lumières et une foule d'autres gages, tenant surtout aux personnes, nous assurent qu'une si horrible succession de monstres ne peut avoir lieu en Europe et moins chez nous qu'ailleurs; mais, outre les massacres, qui ne sont plus de saison, et auxquels personne ne croit plus, il y a des maux qu'il faut encore soigneusement éviter. Et de ces maux là vous en trouverez sous tous les anciens rois de France, ls viennent du pouvoir absolu directement ou indirectement.

Ici, c'est le *silence politique* où le peuple est tenu, qui empêche le prince de *cognoistre* réellement *ce qui se doit et peut faire*, n'en déplaise à Charles IX; là, c'est le pouvoir suprême servant d'égide à des ministres coupables.

Ici, c'est le pouvoir suprême qui se laisse persuader que les personnes et les propriétés des sujets sont, dans toute la rigueur du terme, son bien, sa chose, sa propriété particulière, dont il peut user et abuser; et qui, s'étonnant d'une si extravagante prérogative, s'écrie : *je participe de la divinité! l'état c'est moi!*

Là, c'est un maître indolent, qui daigne s'occuper de l'administration tout au plus pour dire : vous ruinez l'état, je vous en avertis, mais je m'en lave les mains, pourvu que je vive et que je meure dans les bras de la volupté, car tel est mon bon plaisir.

Là, c'est un maître faible, condamné à recevoir, en présence d'un peuple aigri par un siècle de souffrance, la couronne dont un insouciant sybarite vient d'effeuiller la dernière rose. Les épines, laissées à nu, le blessent cruellement; sa douleur, diversement interprétée, encourage les partis; les intrigues opposées le sollicitent en sens contraire; il est d'autant plus malheureux qu'il semble pouvoir tout, et qu'il veut le bien public. Une partie du peuple, si imprudemment tenu dans l'ignorance, s'imagine que le prince qui *peut tout* et le laisse souffrir, *doit être* son ennemi. Des méchans accréditent cette erreur, le prince demande à tout le monde ce qu'il doit faire pour le bonheur public, la diversité des opinions le laisse en suspens, l'abyme ouvert par ses prédécesseurs se creuse tous les jours, l'infortuné y tombe décapité. On a vu le bourreau, on a vu les juges, on est sûr que la victime est innocente. On se demande quel est le coupable? Le coupable? ne le cherchez point dans les personnes, elles sont toutes égarées. Le coupable? c'est le pouvoir, je ne dis pas le dépositaire du pouvoir, je dis le pouvoir absolu. Si vous voulez trouver autre chose que des malheureux, adressez-vous à Louis XIV et à Louis XV. Le faste du premier, l'incurie du second, voilà les véritables régicides. Mais si vous accusez leurs intentions, il répondront, et avec justice : « Les hommes et les choses, tout nous « criait que les hommes et les choses étaient « notre propriété. Nous avons pu, nous avons « dû le croire. Nous avons usé largement de « ce droit avoué, mais sans prévoir les suites « funestes que l'on déplore aujourd'hui. »

Au reste, vous demandez la France des rois; mais de quels rois entendez-vous parler?

Vous n'oseriez avouer que vous redemandez la France féodale. Je suppose donc que vous n'en voulez point.

Le système féodal a duré dans toute son horreur jusqu'à l'établissement des armées permanentes sous Charles VII. Alors commence véritablement la France des rois. Sous ce règne, ce fut la France des maîtresses et des baladins. Est-ce celle-là que vous voulez?

Sous Louis XI, ce fut la France des bourreaux. Est-ce celle-là que vous voulez ?

Sous Charles VIII, qui soumit Rome pour servir la messe au Pape, qui de sa conquête de Naples ne nous laissa d'autre fruit que la peste nouvelle, ce fut la France des foncades militaires. Est-ce celle-là que vous voulez ?

Sous Louis XII, que sa femme empêchait de poursuivre ses avantages contre des papes agresseurs ; qui croyait n'avoir été trompé que deux fois par Ferdinand le Catholique, lorsque celui-ci se vantait de l'avoir trompé plus de dix; ce fut la France de la magistrature vénale, et d'une aveugle dévotion. Est-ce celle-là que vous voulez ?

Sous François Ier, ce fut la France de l'infâme Duprat, de l'infâme Tournon, des pillages décorés du nom d'emprunt, et des concordats. Est-ce celle-là que vous voulez ?

Sous Henri II, grand bruleur d'hérétiques, esclave de sa vieille Diane ; ce fut la France de l'inquisition et des Guises. Est-ce celle-là que vous voulez ?

Sous le nul François II; sous l'infernal Charles IX; sous l'hermaphrodite Henri III; ce fut la France de Médicis, de la Saint-Barthélemy, des Mignons, des Guises et de la ligue. Est-ce celle-là que vous voulez ?

Sous Henri IV, ce fut la France des Jésuites, qui armèrent Barrière, Jean Châtel et

(76)

Ravaillac de derniers poignards de la Ligue.
Est-ce celle-là que vous voulez ?

Sous Louis XIII , ce fut la France de Richelieu , qui opprima l'aristocratie, le peuple et son
maître. Est-ce celle-là que vous voulez ?

Sous Louis XIV, à qui son confesseur persuadait qu'il était propriétaire absolu des hommes
et des choses , ce fut la France des dragonades ,
de la révocation de l'édit de Nantes , et d'un
despotisme si ruineux qu'il produisit le germe
de la révolution. Est-ce celle là que vous voulez?

Sous Louis XV , ce fut la France des voluptés
et de l'incurie qui fit éclore les germes révo-
lutionnaires. Est-ce celle-là que vous voulez?

Sous Louis XVI , ce fut la France de la révolution. Est-ce celle-là que vous voulez ?

Comparez toutes ces époques à celles où nous
jouissons du régime constitutionnel. Après avoir
interrogé l'expérience , consultez la raison , et
voyez quelles garanties ce régime donne à tout le
monde. Si vous estimez l'aristocratie , ne dites
plus qu'elle a besoin d'être *relevée autant qu'elle
a été abaissée.* Ne réclamez plus ainsi pour elle
le droit et les moyens d'attenter à la royauté et
à la liberté raisonnable. Par pitié pour elle ,
laissez-nous croire qu'elle se contente de ses
titres et de ses cordons. Si vous n'êtes pas l'implacable ennemi du peuple, ne lui enviez plus
cette liberté constitutionnelle dont-il n'a pas encore abusé, dont tout prouve qu'il n'abusera
point. Laissez-lui la voix pour se plaindre , afin

qu'en cas d'insupportable oppression , il ne soit pas réduit , comme ce peuple de l'antiquité, à des larmes éloquentes. Si vous n'êtes pas l'ennemi des rois , ne les rejettez plus au milieu des tempêtes ; laissez-les planer au-dessus de la région des orages ; souffrez que leur personne reste inviolable et sacrée , et ne nous enviez pas, gardez pour vous-même , conservez aussi pour la royauté , la garantie nécessaire de la responsabilité ministérielle. Souffrez que notre systême de gouvernement figure cette religion que vous paraissez tant chérir. Permettez-nous de faire du roi le dieu politique à qui s'adresseront toutes les prières innocentes , tous les hommages de la reconnaissance et de la vertu ; et quand nous souffrirons, laissez nous attribuer nos malheurs, non pas à cette suprême intelligence vers qui nos cœurs ne veulent élever que des concerts de louanges , mais à quelque mauvais génie , à quelqu'ange indigne du firmament , où il puise la gloire et la puissance auprès du créateur.

BIBLIOTHÈQUE ROYALE

 La censure a biffé dans un journal l'annonce de cette Brochure , quoique cette annonce ne contînt que le titre.

www.ingramcontent.com/pod-product-compliance
Lightning Source LLC
Chambersburg PA
CBHW061254060726
47596CB00002B/586